글 김민수

전라북도 순창에서 태어나 중앙대학교 문예창작학과를 졸업하고,
같은 학교 대학원에서 문학박사 학위를 받았습니다.
현재 중앙대학교에서 겸임교수로 문학을 강의하고 있습니다.
문학 평론과 《처음으로 만나는 삼국지》, 《장준하》 등 어린이를 위한 책을 썼습니다.

그림 이현세

1982년 《공포의 외인구단》으로 '이현세 붐'을 일으킨 우리나라 만화계의 거장입니다.
《지옥의 링》, 《남벌》, 《아마게돈》, 《천국의 신화》 등 많은 대작을 그렸습니다.
최근에는 《만화 한국사 바로 보기》, 《만화 세계사 넓게 보기》 등으로
어린이 학습만화의 새 지평을 열고 있습니다.
현재 세종대학교 만화애니메이션학과 교수로 학생들을 가르치고 있습니다.

일러두기

- 이 책에 나오는 그리스어와 라틴어로 된 신의 이름, 인명, 지명 등은 《표준국어대사전》 외래어 표기법과 용례에 따라 'y'의 발음을 '위'가 아니라 '이'로 적었습니다. 하나의 예로, Olympos는 '올륌포스'가 아니라 '올림포스'로 표기했습니다.

- 이 책은 다음의 원전을 바탕으로 어린이 독자에 맞게 엮었습니다.
  호메로스(서기전 800~750년 무렵 활동), 《일리아드》와 《오디세이》
  아이스킬로스(서기전 525~456년), 《아가멤논》, 《결박된 프로메테우스》 외 다수
  소포클레스(서기전 496~406년), 《오이디푸스 왕》, 《엘렉트라》 외 다수
  에우리피데스(서기전 484~406년), 《메데이아》, 《헬레네》 외 다수
  헤시오도스(서기전 700년 무렵 활동), 《신통기(신들의 계보)》와 《노동과 나날》
  아폴로도로스(서기전 180년 무렵~서기전 120년 이후), 《원전으로 읽는 그리스 신화》
  베르길리우스(서기전 70~서기전 19년), 《아이네이스》
  오비디우스(서기전 43~서기후 17년), 《변신 이야기》
  토머스 벌핀치(1796~1867년), 《그리스 로마 신화》

이현세 그림

처음으로 만나는
그리스 로마 신화

트로이 대전쟁 **5**

등장하는 신과 인간

파리스
제우스가 뽑은 최고의 미남이다.
아프로디테의 도움을 받아
스파르타의 왕비 헬레네를
트로이로 데려온다.
이는 트로이 전쟁의 불씨가 되었다.

헬레네
어려서부터 미인으로
이름을 날린다.
남편 메넬라오스를
배신하고 트로이의 왕자
파리스를 따라나선다.

아킬레우스
트로이 전쟁 최고의 영웅이다.
그리스 연합군의 선봉장으로서
앞장서서 적진을 누비며
트로이군을 두려움에 떨게 한다.

필록테테스
헤라클레스의 독화살을 물려받은
그리스 연합군의 명궁수.
트로이 전쟁에 참가했다가
뱀에 물려 렘노스 섬에 남겨진다.

헥토르
트로이군의 총사령관으로 무예와 용기가 뛰어나다. 그리스군을 상대로 용맹하게 싸웠으나 아킬레우스에게 죽임을 당한다.

아가멤논
그리스 연합군의 총사령관. 딸을 희생 제물로 바칠 만큼 대담한 한편, 시녀 때문에 아킬레우스와 갈등을 겪는다.

오디세우스
그리스 연합군 최고의 책략가로 트로이 전쟁을 승리로 이끈다. 고향 이타케로 돌아가는 길에 엄청난 모험을 겪는다.

페넬로페
오디세우스의 아내. 구혼자들에게 시달림을 받으면서도 이십 년 동안 남편을 한결같이 기다린다.

펠레우스
프티아의 왕.
테티스 여신에게 한눈에
반해 여신을 감동시키고
결혼한다.

테티스
바다의 여신. 펠레우스와의
사이에서 아킬레우스를
낳는다.

디오메데스
아르고스의 왕.
아테나의 도움을 받아
아레스에게
상처를 입힌다.

이피게네이아
아가멤논의 딸.
그리스군의 순탄한 항해를
위해 아르테미스에게
제물로 바쳐진다.

네옵톨레모스
아킬레우스의 아들.
아버지의 뒤를 이어
그리스군의 선봉장이 된다.

폴리페모스
외눈박이 거인 키클롭스.
오디세우스 일행을 가두고
한 사람씩 잡아먹는다.

키르케
아이아이 섬에 사는 마녀.
마법을 써서 오디세우스의
병사들을 돼지로 만든다.

세이렌
얼굴은 사람이고 몸은 새인
괴물. 뱃사람들을 악기와
노랫소리로 유혹해 죽인다.

케이론
반은 사람이고 반은 말인
켄타우로스. 학문, 무예 등
다방면에 뛰어나
여러 영웅을 길러 낸다.

칼립소
오기기아 섬에 사는 바다
여신. 오디세우스와
칠 년 동안 부부로 지낸다.

에리스
불화의 여신. 그녀가 던진
황금 사과가 트로이 전쟁의
불씨가 된다.

칼카스
그리스의 예언자.
트로이 전쟁이 십 년
걸릴 것을 예언한다.

차 례

- 등장하는 신과 인간

1장 파리스의 심판 6
신화 갤러리 | 비극적인 예언가 카산드라

2장 전쟁의 먹구름 26
신화 갤러리 | 영원한 맞수, 아테네와 스파르타

3장 십 년 전쟁의 시작 56
신화 갤러리 | 영웅을 꿈꾼 그리스 사람들

4장 트로이의 함락 84
신화 갤러리 | 트로이 전쟁은 정말 일어났을까?

5장 신들의 분노 108
신화 갤러리 | 명장 아킬레우스와 오디세우스

6장 오디세우스의 출항 132
신화 갤러리 | 서양 문학의 걸작, 《일리아드》와 《오디세이》

7장 고난의 항로 154
신화 갤러리 | 로마의 역사와 관련된 말, 말, 말

8장 이십 년 만의 재회 180
신화 갤러리 | 당신은 나의 멘토입니다!

- 그리스 로마 신화를 마치며
- 신들의 이름 비교
- 신과 인간의 계보

[1장]
파리스의 심판

바다의 여신 테티스

테티스는 네레우스와 도리스의 딸들인 네레이스 가운데 하나이다. 프티아의 왕 펠레우스와 결혼해 영웅 아킬레우스를 낳는다.
우라노스와 가이아의 딸인 티탄족의 테티스와는 다른 여신이다.

    테살리아의 펠리온 산에서 신과 인간이 참석한 가운데 결혼식이 열렸습니다. 신랑은 프티아의 왕 펠레우스이고, 신부는 바다의 여신 테티스입니다.

    결혼 잔치가 무르익자 영웅들의 스승으로 이름 높은 케이론이 자리에서 일어났습니다. 케이론은 예언, 음악, 의술, 사냥에 뛰어난 켄타우로스입니다.

    "자, 이제 신랑에게 저의 선물을 드리겠습니다."

    그는 물푸레나무와 청동으로 만든 창을 신랑에게 건넸습니다. 펠레우스가 테티스 여신에게는 들리지 않는 작은 목소리로 케이론에게 속삭였습니다.

    "제가 살아서 여신과 결혼까지 하게 된 건 모두 케

이론 님 덕분입니다. 정말 감사합니다."

펠레우스는 아이기나 섬의 왕 아이아코스의 아들입니다. 그는 젊은 시절에 원반던지기 연습을 하다가 이복동생을 원반으로 맞춰 죽이는 바람에 고향에서 쫓겨났습니다.

프티아의 왕 에우리티온이 그런 펠레우스를 거두어 자신의 딸 안티고네와 결혼시켰습니다.

얼마 뒤, 에우리티온과 펠레우스가 함께 칼리돈의 멧돼지 사냥에 참가했습니다. 그런데 에우리티온이 펠레우스가 던진 창에 맞아 죽는 사고가 났지요.

펠레우스는 죄책감에 프티아로 돌아가지 못하고, 이웃한 이올코스 왕국으로 갔습니다. 그곳은 그가 이아손을 따라 아르고 원정대에 참가한 곳입니다.

하지만 시련은 그곳에서도 계속되었습니다. 펠레우스가 이올코스 왕국의 왕비 아스티다메이아의 사랑을 거절하자, 그녀가 프티아에 있는 안티고네에게 펠레우스가 다른 여자와 결혼한다는 거짓 편지를 보낸 거예요. 또 남편인 아카스토스 왕에게는 펠레우스가 자기를 꾀었다고 모함했습니다.

이 일은 큰 비극을 불러왔습니다. 안티고네는 절망

펠레우스와 테티스의 결혼식

펠레우스와 테티스가 결혼식을 올리고 있다. 올림포스의 신들과 요정들, 켄타우로스들, 사람들이 하객으로 참여해 둘의 결혼을 축하해 주고 있다.

■ 코르넬리스 반 하를렘, 〈펠레우스와 테티스의 결혼〉

안티고네

그리스 로마 신화에는 안티고네가 여럿 등장한다. 테베의 왕 오이디푸스의 딸, 트로이의 왕 라오메돈의 딸, 그리고 프티아의 왕 에우리티온의 딸이 모두 안티고네라는 이름을 가졌다.

아르고 원정대

황금 양 모피를 찾아 항해를 떠난 사람들을 말한다. 이아손을 대장으로 테세우스, 헤라클레스, 오르페우스, 펠레우스 등의 용사가 참여해 콜키스에 가서 황금 양 모피를 가져오는 데 성공한다.

에 빠져 목을 매달았고, 아카스토스는 펠레우스를 죽이려고 펠리온 산 사냥터로 그를 꾀어냈습니다.

펠리온 산에는 난폭한 켄타우로스들이 살았습니다. 아카스토스는 그들을 시켜 펠레우스를 죽일 속셈이었습니다. 그는 펠레우스에게 제안했습니다.

"날이 저물 때까지 누가 더 많은 짐승을 잡는지 내기를 합시다."

두 사람은 저녁에 양치기 오두막에서 만나기로 하고 사냥을 시작했습니다. 펠레우스는 산양과 사슴 같은 짐승을 많이 잡았습니다. 그는 사냥한 짐승이 너무 많아 혀만 잘라 가져가기로 했습니다.

아카스토스는 번번이 사냥에 실패하다가 펠레우스가 숲에 버린 짐승들을 보았습니다.

'이게 웬 횡재냐. 내가 펠레우스를 이기겠군.'

저녁이 되어 펠레우스와 아카스토스는 오두막에서 만났습니다. 아카스토스는 주워 온 짐승들을 내보이며 자랑했습니다.

"난 여섯 마리나 잡았는데 그대는 한 마리도 못 잡은 모양이구려."

"하하, 고맙게도 왕께서 제가 잡은 짐승들을 들고

오셨군요. 그 짐승들의 혀는 여기 있습니다."

펠레우스는 주머니에서 짐승들의 혀를 잔뜩 내놓았습니다. 과연 아카스토스가 짐승들의 입을 열어 살펴보니 모두 혀가 없었습니다. 그는 부끄러움과 질투심에 얼굴을 붉혔습니다.

그날 밤 그들은 오두막에서 잠을 청했습니다. 사냥으로 지친 펠레우스가 곯아떨어지자, 아카스토스는 펠레우스의 칼을 감추어 두고 산을 내려갔습니다.

얼마 뒤 오두막에 켄타우로스들이 들이닥쳤습니다. 펠레우스는 꼼짝없이 붙잡혀 죽을 위기에 처했지요. 그때 케이론이 나타나 켄타우로스들을 말렸습니다.

"멈춰! 그 사람은 내 친구이니 당장 풀어 줘라!"

간신히 목숨을 건진 펠레우스는 케이론에게 거듭 감사의 인사를 했습니다. 케이론이 말했습니다.

"그대 같은 용사를 돕는 건 내게 큰 영광이오. 이제 고생은 그만하고 프티아로 돌아가는 게 어떻겠소? 에우리티온 왕이 죽은 건 그대 잘못이 아니오."

펠레우스도 케이론의 말이 옳다고 여겨 프티아로 돌아갔습니다. 펠레우스는 에우리티온의 뒤를 이어 프티아 왕국의 왕이 되었습니다.

켄타우로스와 에로스

켄타우로스는 반은 사람이고 반은 말의 모습이되 사람보다는 짐승에 가까웠다. 거칠고 야수적인 성질을 지녔으며 탐욕스럽고 술을 좋아했다.
나중에 영웅 헤라클레스에 의해 대부분 죽임을 당했다고 전해진다.

■ 〈에로스에게 조롱당하는 늙은 켄타우로스〉, 조각.

안티고네를 잃은 펠레우스는 울적한 마음을 달래려고 바다를 자주 찾았습니다. 어느 날 그는 해변을 걷다가 갑자기 걸음을 멈추었습니다. 동굴 앞에서 바닷바람을 쐬던 테티스 여신을 본 것입니다.

여신의 아름다운 모습에 그의 가슴이 쿵쿵 뛰었습니다. 그 뒤로 그는 날마다 바닷가를 찾았습니다. 여신을 향한 짝사랑은 날이 갈수록 깊어졌지요.

테티스는 아름다운 데다가 마음씨도 고와서 신들에게도 인기가 높았습니다. 제우스도 한때 테티스를 새 아내로 맞으려고 했지요. 이를 눈치챈 프로메테우스가 그에게 예언을 들려주었습니다.

"테티스가 낳은 자식은 아버지보다 위대해집니다."

제우스는 그 예언을 듣고 이내 테티스를 단념했습니다. 아버지 크로노스에게 빼앗은 최고신의 자리를 자식에게 빼앗기고 싶지 않았기 때문입니다.

제우스는 불행한 일들만 겪는 펠레우스를 동정했습니다. 그는 펠레우스를 테티스와 짝지어 주려고 했습니다. 그러나 제우스의 설득에도 여신은 인간인 펠레우스와 결혼할 마음이 전혀 없었습니다.

펠레우스는 테티스 여신을 포기하지 않았습니다.

그는 어떻게 하면 테티스와 결혼할 수 있는지 펠리온 산 동굴에 있는 케이론을 찾아가 물었습니다.

"청혼을 받아 줄 때까지 여신을 붙들고 놓지 마시오. 여신이 변신을 하더라도 그만두면 안 되오."

케이론의 말을 들은 펠레우스는 곧장 테티스의 동굴로 달려갔습니다. 그는 여신이 잠들기를 기다렸다가 두 팔로 여신을 단단히 붙들었습니다.

"누군데 이러느냐?"

여신이 깜짝 놀라 소리쳤습니다.

"프티아의 왕 펠레우스요. 여신께서 제 청혼을 받아 줄 때까지 이 손을 놓지 않을 거요."

"네가 감히 신을 모욕하느냐?"

여신은 활활 불타는 장작으로 변했습니다. 펠레우스는 엄청난 뜨거움을 느끼면서도 팔을 풀지 않았습니다. 그러자 여신은 사나운 늑대로 변해 펠레우스의 어깨를 물어뜯었습니다. 또 여신은 바다뱀으로 변해 펠레우스의 몸을 친친 감는가 하면 미끌미끌한 물고기로 변해 그의 손에서 빠져나가려 했지요.

그래도 펠레우스가 안간힘을 쓰며 버티자 여신이 지쳐 제 모습으로 돌아왔습니다.

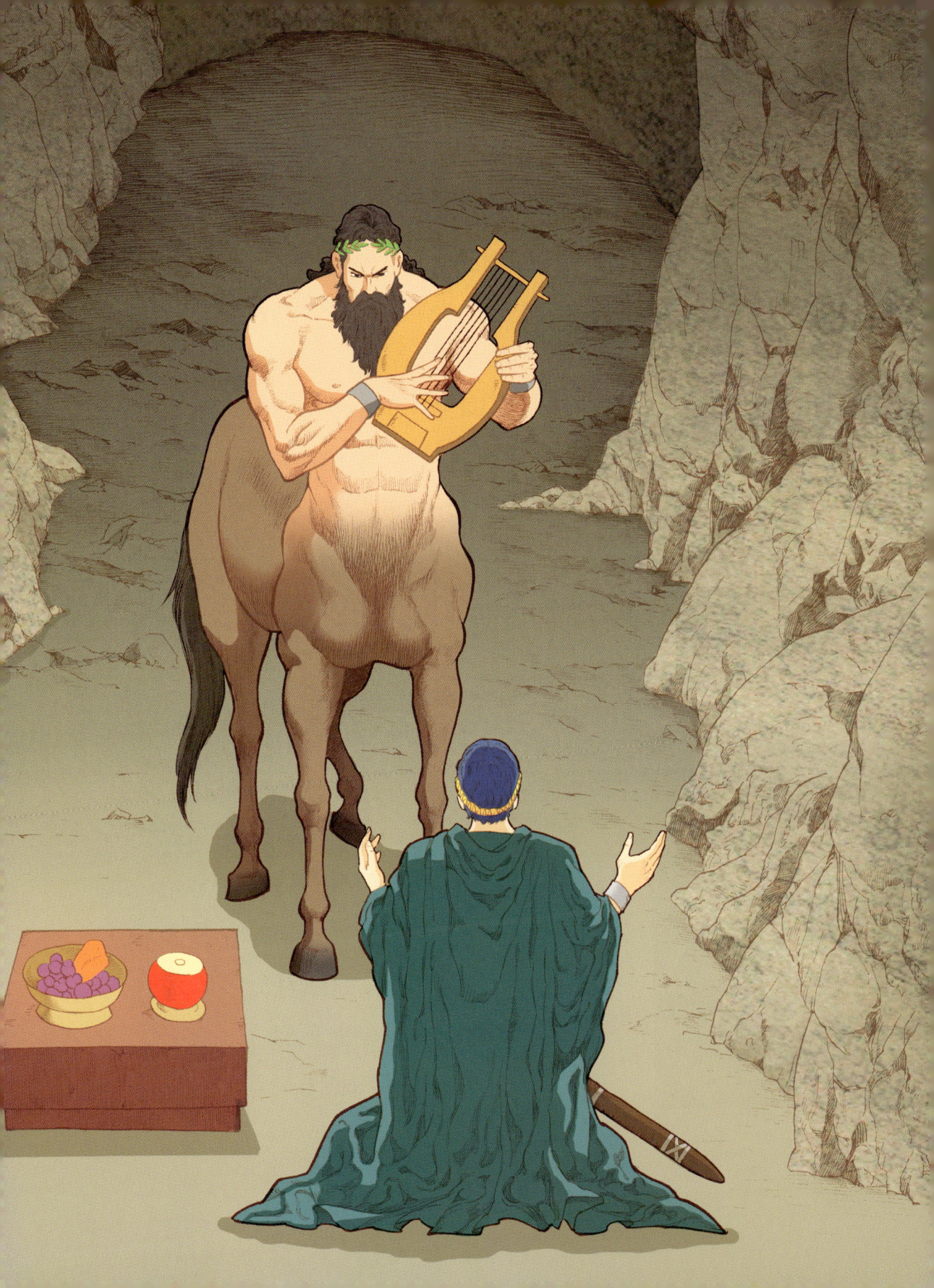

"당신은 인간이지만 참으로 용맹하군요. 좋아요! 당신과 결혼하겠어요."

테티스는 펠리온 산에서 거행하는 결혼식에 신들을 초대했습니다. 그러나 단 한 신만은 초대하지 않았습니다. 바로 불화의 여신 에리스입니다. 에리스가 다툼을 일으킬까 봐 테티스가 일부러 빼놓았던 거예요.

'흥! 초대장이 없다고 내가 못 갈 것 같아?'

에리스는 황금 사과를 들고 펠리온 산으로 갔습니다. 그런데 에리스의 눈에 가장 먼저 헤라와 아테나, 아프로디테가 다정하게 이야기를 나누는 모습이 들어왔습니다. 에리스는 여신들이 못마땅했습니다.

'너희가 언제부터 그리도 친했단 말이냐. 이 황금 사과를 보고도 그럴 수 있는지 두고 보자.'

에리스는 황금 사과를 세 여신 앞으로 던졌습니다. 원래 테티스에게 결혼 선물로 주려던 사과에는 이런 글이 씌어 있었습니다.

'세상에서 가장 아름다운 이에게.'

세 여신은 저마다 그 글이 자신을 가리킨다고 생각했습니다. 여신들은 황금 사과를 서로 차지하려고 하

불화의 여신 에리스

전쟁의 신 아레스를 따라다니면서 분쟁과 불화를 일으켰다. 에리스가 던진 황금 사과는 트로이 전쟁의 발단이 되었다.

■ 서기전 6세기 무렵, 술잔.

다가 끝내 목소리를 높이며 다투었습니다.

 세 여신의 다툼은 결혼식 뒤에도 계속되었습니다. 마침내 세 여신은 제우스를 찾아가 사과의 주인을 정해 달라고 청했습니다. 제우스는 어느 한쪽을 편들기가 곤란해 다른 이를 심판으로 추천했습니다.

 "세상에서 가장 아름다운 여신을 가리는 일이라면 세상에서 가장 잘생긴 남자가 하는 게 좋겠소. 바로 트로이의 왕자 파리스요."

 파리스는 이데 산에서 가축을 돌보며 지냈습니다. 그는 청년이 되기까지 양치기 아게라오스를 아버지로 알고 자랐지요.

 트로이의 왕비 헤카베는 파리스를 배 속에 가졌을 때 이상한 꿈을 꾸었습니다. 트로이 성이 엄청난 불길에 잿더미가 되는 꿈이었지요. 트로이의 왕 프리아모스는 이를 불길하게

여겨 예언자를 불렀습니다.

"그 아이는 트로이에 파멸을 가져올 것입니다. 이 나라를 지키려면 아이를 버리십시오."

프리아모스는 아이가 태어나자 양치기 아게라오스에게 주며 명령했습니다.

"이 아이를 깊은 산속에 버려라!"

아게라오스는 아이를 차마 버릴 수 없어 집으로 데려와 키웠습니다. 파리스가 청년이 되자 아게라오스는 지난 일을 들려주었습니다.

마침 그때 병사들이 트로이의 레슬링 대회에서 상으로 쓸 황소를 구하러 이데 산을 찾았습니다. 병사들은 파리스가 키우던 소를 데려갔습니다. 파리스는 이 일을 기회로 삼았습니다.

'그래, 이번 레슬링 대회에서 우승해 황소도 되찾고 부모님도 만나자.'

파리스는 자신의 계획대로 레슬링 대회에서 일등을 차지했습니다. 그는 상을 받기 위해 프리아모스와 헤카베 앞에 섰습니다. 그 자리에는 파리스의 누이 카산드라와 아우 헬레노스도 있었습니다.

쌍둥이 남매인 카산드라와 헬레노스는 예언 능력이

예언자 카산드라
프리아모스와 헤카베의 딸로 헬레노스와 쌍둥이 남매이다. 카산드라는 뛰어난 예언 능력을 가졌지만, 아폴론의 저주로 그녀의 말은 설득력을 잃었다.
■ 막스 클링거, 〈카산드라〉, 조각.

뛰어났습니다. 카산드라는 파리스를 보자마자 온몸을 떨면서 소리쳤습니다.

"아버지, 제 오라버니예요! 아버지의 아들이란 말이에요!"

프리아모스와 헤카베는 파리스에게 이것저것 캐묻고, 양치기 아겔라오스도 증인으로 불러 확인했습니다. 그들은 마침내 파리스를 친자식으로 받아들였습니다. 파리스는 왕자의 신분을 되찾은 뒤에도 이데 산에서 지냈습니다.

하루는 파리스 앞에 전령의 신 헤르메스가 헤라, 아테나, 아프로디테를 데리고 나타났습니다. 헤르메스는 파리스에게 황금 사과를 건네며 말했습니다.

"이 여신들 가운데 누가 가장 아름다우냐? 네가 선택한 여신이 이 황금 사과의 주인이 될 것이다."

세 여신이 파리스 앞에서 저마다 아름다움을 뽐냈습니다. 파리스는 여신들을 번갈아 바라보았습니다.

헤라가 부드러운 목소리로 말했습니다.

"네가 나를 가장 아름다운 여신으로 뽑아 주면, 너를 세상에서 제일 힘센 왕으로 만들어 주마."

아테나가 이에 질세라 말을 받았습니다.

사과를 건네받는 파리스

파리스는 헥토르, 헬레노스, 카산드라와 한 형제이다. 외모가 뛰어났다고 전해지며, 스파르타의 왕비 헬레네를 트로이로 데려와 트로이에 큰 화를 가져온다.

헤르메스가 파리스를 찾아가 황금 사과를 건네고 있다.

■ 안니발레 카라치, 〈헤르메스와 파리스〉

"나는 너에게 모든 전쟁에서 승리할 수 있는 지혜와 명예를 주겠다."

아프로디테는 파리스의 손을 살며시 잡았습니다.

"뭐니 뭐니 해도 세상에 사랑이 없으면 안 되지. 나는 네가 원하는 여인과 사랑을 이루게 해 주겠어."

여신들의 제안은 모두 파리스의 귀를 솔깃하게 했습니다. 하지만 파리스는 망설임 없이 황금 사과를 아프로디테에게 건넸습니다. 젊은 그에게는 권력이나 명예보다 사랑이 우선이었던 거예요.

아프로디테는 황금 사과를 손에 들고 무척 기뻐했습니다. 헤라와 아테나는 파리스를 노려보다가 자리를 떠났지요. 아프로디테가 파리스에게 물었습니다.

"네가 결혼하고 싶은 여인이 있느냐?"

"네, 스파르타의 헬레네입니다."

파리스는 헬레네를 한 번도 본 적이 없었습니다. 스파르타는 트로이에서 아주 멀리 떨어진 펠로폰네소스 반도에 있었으니까요. 헬레네의 미모는 바다 건너 트로이에도 소문이 자자했지요.

순간 아프로디테의 표정이 굳었습니다.

파리스의 심판

헤라, 아테나, 아프로디테가 아름다움을 겨루며 파리스의 심판을 기다리고 있다.
맨 왼쪽이 아테나로 그녀의 뒤에 투구와 방패가 보인다. 에로스가 곁에 있는 것으로 보아 가운데가 아프로디테이며, 헤라의 발밑에는 공작새가 있다.

■ 페터 파울 루벤스, 〈파리스의 심판〉

헬레네는 이미 결혼한 여인이었거든요. 그렇다고 이제 와서 파리스와의 약속을 뒤집을 수도 없는 노릇이었습니다.

"좋다. 너를 도와주마."

파리스는 곧장 아버지 프리아모스를 찾아가 신붓감을 데려오겠다고 말했습니다. 그러자 누이 카산드라와 동생 헬레노스가 한목소리로 반대했습니다.

"오라버니, 절대로 안 돼요. 그 여자는 트로이에 재앙을 가져올 거예요. 제 예언을 믿으세요."

"맞습니다. 파리스 형님은 그 여자와 결혼하면 안 됩니다."

그러자 프리아모스가 언짢은 표정을 지으며 남매를 꾸짖었습니다.

"왜 불길한 소리들을 하느냐. 나는 이제 예언 따위는 믿지 않을 것이다."

프리아모스의 허락을 받은 파리스는 곧 트로이를 떠났습니다. 파리스를 태운 배는 바람을 가르며 스파르타를 향해 힘차게 나아갔습니다.

펠로폰네소스 반도

그리스 본토의 남쪽에 위치한 반도로, 고대 그리스인들은 '영웅의 섬'이라 불렀다.
서기전 5~8세기 무렵, 이 반도에 위치한 스파르타 등의 도시 국가가 번영을 누렸다.

신화 갤러리 1

비극적인 예언가 카산드라

카산드라는 트로이의 공주로 무척 아름다웠습니다. 아폴론 신이 그녀를 보고 마음을 빼앗겨 사랑을 고백했지요. 카산드라는 아폴론이 마음에 들지 않았습니다. 그래서 미래를 내다보는 예지력을 주면 마음을 받아들이겠다는 거짓 약속을 했습니다.

예지력은 인간이 가져서는 안 되는 신의 능력입니다. 사랑에 눈이 먼 아폴론은 이를 알면서도 그녀에게 예지력을 선물했지요. 그 뒤로도 카산드라가 약속을 지키지 않자, 아폴론은 그녀와 마지막 입맞춤을 나누며 그녀의 혀끝에 담긴 설득력을 빼앗아 버렸습니다.

카산드라는 트로이 전쟁이 일어날 것과 트로이의 목마가 적들의 속임수라는 것 등을 예언했습니다. 하지만 그녀의 말은 설득력을 잃어 누구도 그녀의 예언에 귀를 기울이지 않았답니다.

▲ **카산드라와 트로이 성**
카산드라는 트로이 전쟁이 일어날 것을 예언했지만 트로이 사람들은 그녀의 말을 믿지 않았다. 카산드라 뒤로 트로이 성이 불타고 있다.
■ 에벌린 드 모건, 〈카산드라〉

▶ **소설로 각색된 카산드라 신화**
카산드라 이야기는 수많은 작품의 소재가 되었다. 베르나르 베르베르의 소설 《카산드라의 거울》에서 주인공 카산드라는 인류에게 닥칠 재앙을 예견하지만 아무도 그녀의 말에 귀 기울여 주지 않는다.

아테네 아이들은 어떤 교육을 받았을까?

아테네의 남자아이는 일정한 나이가 되면 학교에 다니며 정규 교육을 받았습니다. 글을 익히고 호메로스의 유명한 서사시 《일리아드》와 《오디세이》를 외웠습니다. 또 주판과 비슷한 도구로 수 세기를 배워 간단한 셈을 할 수 있었지요.

음악 시간에는 리라 연주하는 법을 익히고, 체육 시간에는 달리기, 높이뛰기, 창던지기 등의 운동을 배웠습니다. 이렇듯 아테네인들은 문학과 음악으로 마음을 수양하고, 운동으로 신체를 단련시키는 것을 중요하게 여겼습니다.

여자아이는 정규 교육을 받지 못하고 집에서 요리와 청소 등 집안일을 배웠습니다. 부유한 집에서는 딸에게 읽기, 춤, 리라 연주 등을 가르치기도 했습니다.

▲ 글쓰기를 배우다
학생들이 밀랍 판에 철, 나무, 상아 등으로 만든 펜으로 글씨를 쓰고 있다.
■ 고대 그리스 시대. 접시.

▼ 아테네 학생들의 수업 시간
한쪽에서는 리라를 배우고 다른 쪽에서는 서사시를 읊고 있다.
맨 오른쪽에서 교육을 담당한 파이다고고스가 지팡이를 들고 감독하고 있다.
■ 고대 그리스 시대. 접시.

[2장]
전쟁의 먹구름

    스파르타의 왕비 레다는 백조로 변한 제우스와의 사이에서 쌍둥이 아들 디오스쿠로이와 딸 헬레네를 낳았습니다.

    헬레네는 어릴 때부터 미인이라는 칭찬을 귀가 따갑게 들었습니다. 어느덧 결혼할 나이가 되자 구혼자들이 구름처럼 몰려들었습니다.

    스파르타의 왕 틴다레오스는 친딸 클리타임네스트라를 미케네의 왕 아가멤논과 결혼시킨 데 이어 아가멤논의 동생 메넬라오스를 헬레네의 남편감으로 미리 점찍어 두었습니다.

    '이 사실을 알면 저 구혼자들이 소란을 피울 텐데

걱정이로군.'

그는 수많은 구혼자 때문에 골머리를 앓았습니다.

구혼자들 가운데에는 이타케 섬의 왕자 오디세우스가 있었습니다. 그는 지혜롭고 말솜씨가 좋았지요.

그가 틴다레오스의 마음을 눈치채고 남몰래 그를 찾아갔습니다.

"제게 구혼자들을 돌려보낼 수 있는 좋은 방법이 있습니다."

"자네가 나를 도우려는 까닭이 무엇인가?"

백조를 어루만지는 레다
레다에게 반한 제우스는 백조로 모습을 바꾸어 그녀와 사랑을 나눈다.

■ 케사레 다 세스토, 〈레다와 백조〉

"페넬로페 공주를 아내로 얻고 싶습니다."

"그래? 자네 같은 청년이라면 그 아이의 남편감으로 적당하지. 자네가 날 돕는다면 나도 두 사람의 결혼을 돕겠네."

틴다레오스는 기꺼이 허락했습니다.

페넬로페는 틴다레오스의 조카이자 헬레네의 사촌입니다. 그녀는 아름답고 성품이 올곧았지요. 오디세우스는 헬레네와의 결혼이 어려울 것으로 생각하고 페넬로페를 선택했던 거예요.

오디세우스는 말을 이끌고 구혼자들 앞에 섰습니다. 아무도 그에게 눈길을 주지 않자 그는 구혼자들 앞에서 말의 목을 단칼에 베었습니다. 말이 피를 뿜으며 쓰러졌습니다. 구혼자들이 순식간에 그의 주위로 몰려들었지요. 오디세우스가 당당하게 소리쳤습니다.

"여러분, 언제까지 여기서 빈둥거릴 겁니까? 이러지들 말고 사내답게 약속합시다. 틴다레오스 왕께서 누구를 헬레네 공주의 사윗감으로 결정하든 깨끗이 따르기로 말이오.

꾀 많은 오디세우스

오디세우스는 지략이 뛰어난 인물로 트로이 전쟁에서 그리스 연합군이 승리하는 데 큰 공을 세운다.
호메로스의 서사시 《오디세이》의 주인공이며, 라틴어로는 율리시스라고 한다.
■ 고대 로마 시대, 조각.

그 대신 앞으로 헬레네 공주에게 무슨 일이 생기면 우리가 힘을 합쳐 도웁시다. 약속의 징표로 신들께 내 말을 제물로 바치겠소."

"그거 듣던 중 옳은 말이오."

"좋소. 나도 적극 찬성이오."

구혼자들은 너도나도 오디세우스의 말에 따르기로 뜻을 모았습니다.

틴다레오스는 그제야 안심하고 메넬라오스를 사윗감으로 발표했습니다. 구혼자들은 아쉬워하며 스파르타를 떠났습니다.

틴다레오스는 약속대로 오디세우스와 페넬로페를 결혼시켰습니다.

헬레네는 메넬라오스와 결혼한 뒤, 딸 헤르미오네를 낳았습니다.

'어휴, 미인이라는 칭찬만 들으면 뭐해. 사랑하는 사람과 살아야 행복하지.'

헬레네는 남편에게 아무런 애정도 느낄 수 없었습니다.

그러던 어느 날, 파리스가 메넬라오스를 찾아왔습니다.

"그리스를 여행하다가 스파르타를 지나는 길에 왕께 인사를 드리려고 들렀습니다."

"허허, 먼 길 오셨소. 우리 왕국에서 편히 쉬시오."

메넬라오스는 파리스를 반겼습니다. 뒤이어 파리스는 헬레네와 인사를 나누었습니다. 그 순간 아프로디테가 두 사람의 마음에 사랑의 감정을 불어넣었습니다. 둘은 서로에게 강한 끌림을 느꼈지요.

사랑을 불어넣는 아프로디테

아프로디테와 에로스가 파리스와 헬레네에게 사랑의 감정을 불어넣고 있다. 맨 오른쪽이 아프로디테이다.

■ 벤저민 웨스트, 〈파리스와 헬레네〉

'아, 저분이 내 남편이면 얼마나 좋을까.'

'헬레네, 내 아내가 될 사람은 당신뿐이오.'

그때부터 두 사람은 남몰래 만나 마음을 나누었습니다. 마침내 메넬라오스가 왕궁을 비운 틈에 파리스는 헬레네를 꾀었습니다.

"나와 함께 트로이로 가서 행복하게 삽시다."

"당신과 함께라면 어디라도 가겠어요."

둘은 한밤중에 왕궁을 빠져나갔습니다. 헬레네는 보석과 보물은 챙기면서도 딸은 두고 나왔지요. 둘은 황급히 트로이로 떠났습니다.

전쟁의 먹구름 31

프리아모스 왕은 헬레네를 크게 반기며 파리스와 결혼시켜 왕궁에 살게 했습니다.

카산드라와 헬레노스는 앞날을 내다보고 몹시 두려워했습니다.

"헬레노스, 저 여자는 트로이의 재앙이야. 곧 무서운 전쟁이 벌어질 텐데 이를 어쩌면 좋아."

"아버지께서 저리도 감싸시니 우리가 어쩌겠어."

둘은 어쩔 줄 모르며 발만 동동 굴렀습니다.

한편, 메넬라오스는 스파르타로 돌아와 아내가 없어진 것을 알았습니다. 그는 파리스가 보석과 보물을 훔치고 헬레네를 납치했다고 생각했지요. 그는 분노로 몸을 떨며 형 아가멤논을 찾아갔습니다.

"은혜를 원수로 갚은 도적놈을 꼭 제 손으로 없애고 싶습니다."

"이건 스파르타뿐만 아니라 모든 그리스인의 수치다. 당장 그리스 연합군을 조직해서 트로이로 쳐들어가자."

아가멤논은 메넬라오스보다 더욱 분노했습니다. 메넬라오스가 걱정스레 물었습니다.

"다른 왕국들이 과연 전쟁에 참여할까요?"

미케네의 왕 아가멤논

트로이 전쟁에서 그리스 연합군의 총사령관을 맡는다. 탐욕이 있어 나중에 아킬레우스와 불화를 겪는다.

■ 세기전 6세기 무렵, 항아리.

전쟁의 먹구름 33

"헬레네의 구혼자들이 했던 맹세를 잊었느냐? 헬레네에게 무슨 일이 생기면 힘을 합쳐 돕기로 했으니 당연히 함께할 것이다."

"그럼 제가 직접 왕들을 만나보겠습니다."

"네 사촌 팔라메데스를 데려가라. 연합군이 모일 장소는 보이오티아 땅의 아울리스 항구다."

아가멤논의 말에 따라 메넬라오스는 팔라메데스와 함께 여러 왕국을 돌며 왕들을 설득했습니다.

"왕이시여, 헬레네의 구혼자로서 한 맹세를 잊지 않으셨겠지요? 그 약속을 지킬 때입니다."

메넬라오스의 호소에 힘입어 여러 왕국에서 전쟁에 참여하겠다는 뜻을 전했습니다.

메넬라오스와 팔라메데스는 오디세우스를 찾아갔습니다. 그런데 정작 맹세를 이끌었던 오디세우스는 거절의 뜻을 비쳤습니다. 페넬로페와의 사이에서 아들 텔레마코스를 낳고 한창 행복할 때였으니까요.

'공연히 남의 전쟁에 끼어들 필요는 없지.'

오디세우스는 미친 척하기로 마음먹었습니다. 그는 두 사람 앞에서 말과 소를 함께 묶어 쟁기질을 했습니다. 또 소금과 모래를 씨앗이라며 밭에 뿌렸습니다.

팔라메데스

케이론의 가르침을 받아 지략이 뛰어났다. 아가멤논과 메넬라오스 형제의 사촌지간으로 함께 트로이 전쟁에 나섰다.
꾀를 내어 오디세우스를 트로이 전쟁에 끌어들였다가 그에게 잔인한 복수를 당한다. 고대 그리스인들은 팔라메데스가 주사위와 알파벳의 몇몇 문자를 발명했다고 믿었다.

트로이 전쟁의 장수들
왼쪽부터 메넬라오스, 파리스, 디오메데스, 오디세우스, 네스토르, 아킬레우스, 아가멤논이다. 트로이의 왕자 파리스를 제외하고는 모두 그리스 연합군의 장수들이다.

그런 모습은 누가 봐도 이상했지만 영리한 팔라메데스만은 오디세우스의 꾀에 속지 않았습니다.

'정말 미친 게 아니라면, 제 아들을 말과 소로 짓밟지는 못하겠지.'

그는 페넬로페의 품에서 어린 텔레마코스를 빼앗더니 오디세우스가 끄는 쟁기 앞에 뉘었습니다.

오디세우스가 깜짝 놀라서 고삐를 잡아당겼습니다.

"팔라메데스, 대체 무슨 짓이오?"

"그대가 했던 맹세를 어길 작정입니까? 미친 척한다고 제 눈을 속일 순 없습니다."

"휴, 내가 졌소. 함께 갑시다."

오디세우스는 억지로 그들을 따라나서며 굳게 다짐했습니다.

'언젠가는 팔라메데스에게 반드시 복수하리라!'

오디세우스는 배 열두 척과 병사들을 이끌고 이타케를 떠났습니다.

용사들을 태운 배가 그리스 각지에서 아울리스 항구로 모여들었습니다. 마흔 명이 넘는 장수들이 이끌고 온 배는 무려 천 척이 넘었지요. 항구가 배와 병사들로 까맣게 뒤덮였습니다.

장수들은 아가멤논을 총사령관으로 받들었습니다. 그가 사람들을 둘러보며 힘찬 목소리로 외쳤습니다.

"우리는 그리스의 명예를 지키려는 위대한 싸움에 나섰소. 트로이를 잿더미로 만들어 그리스의 자존심을 되찾읍시다."

"와아아!"

용사들과 병사들이 창과 칼을 들어 올리며 함성을 질렀습니다. 아가멤논은 자기 앞에 선 장수들을 하나하나 눈에 담았습니다.

헬레네의 남편 메넬라오스, 재치 있는 팔라메데스, 꾀 많은 오디세우스, 경험 많은 노인 장수 네스토르, 오디세우스의 친구인 디오메데스, 용맹하고 우람한 아이아스, 헤라클레스에게 활을 물려받은 필록테테스, 예언자 칼카스…….

아가멤논의 눈길이 칼카스에서 멈췄습니다.

"칼카스, 이번 전쟁의 승리는 어느 쪽이오? 당연히 우리가 아니겠소?"

"한 사람만 더 있으면 반드시 승리할 것입니다."

아킬레우스

펠레우스 왕과 테티스 여신의 아들이다. 트로이 전쟁에서 그리스군의 선봉장으로 큰 활약을 펼친다.

■ 요한 빌헬름 티슈바인, 〈아킬레우스〉

"그 사람이 누구요?"

"펠레우스 왕과 테티스 여신의 아들 아킬레우스입니다. 비록 나이는 어려도 그가 없이는 트로이의 헥토르를 이길 수 없습니다."

칼카스의 말에 오디세우스가 끼어들었습니다.

"아킬레우스의 용맹함은 나도 익히 들어 알고 있소. 그는 지금 펠리온 산에서 케이론에게 가르침을 받을 거요. 내가 가서 그를 데려오겠소."

오디세우스는 곧장 디오메데스와 함께 펠리온 산으로 떠났습니다.

테티스는 아킬레우스를 낳았을 때, 아들이 자기처럼 영원한 생명을 갖지 못하는 것이 안타까웠습니다. 여신은 아들을 지하 세계로 데려가 머리끝부터 스틱스 강에 담갔습니다. 스틱스 강물을 바른 피부는 어떤 무기에도 상처를 입지 않았거든요.

덕분에 아킬레우스의 피부는 온몸에 갑옷을 두른 듯 단단해졌습니다. 다만 테티스가 손에 쥔 그의 발꿈치만은 강물에 닿지 않아 유일한 약점이 되었지요.

펠레우스 왕은 아킬레우스를 케이론에게 맡겼습니다. 아킬레우스는 케이론에게 무예와 학문을 배우며

아들을 거꾸로 담그는 테티스

테티스의 아들 아킬레우스는 인간과 여신 사이에서 태어났기 때문에 인간의 운명을 타고났다.
이를 안타깝게 여긴 테티스는 아킬레우스에게 영원한 생명을 주기 위해 스틱스 강물에 어린 아킬레우스를 거꾸로 담근다.
■ 얀 에라스뮈스 크벨리뉘스, 〈스틱스 강물이 담긴 항아리에 아킬레우스를 담그는 테티스〉

최고의 용사로 자랐지요.

테티스는 오디세우스가 올 것을 미리 알고, 아킬레우스를 스키로스 섬의 왕 리코메데스에게 보냈습니다.

오디세우스와 디오메데스는 뒤늦게 스키로스 섬으로 달려갔습니다. 리코메데스는 테티스가 시킨 대로 아킬레우스가 그곳에 없다며 시치미를 뗐습니다.

오디세우스는 아킬레우스를 찾아내기 위해 한 가지 꾀를 내었습니다. 넓은 방에 보석과 장신구들을 잔뜩 늘어놓고 그 사이에는 칼을 하나 숨겨 놓았습니다. 그는 궁 안의 여인들을 모아 놓고 말했지요.

"여러분을 위한 선물이니 하나씩 고르시오."

여인들은 눈이 휘둥그레져서 보석과 장신구를 골랐습니다. 그때 갑자기 요란한 나팔 소리와 함께 누군가의 외침이 들렸습니다.

"적들이 나타났다! 모두 무기를 들어라!"

여자들은 우왕좌왕하며 어쩔 줄 몰랐습니다. 오직 한 여인만이 방에 놓인 칼을 집더니 밖으로 달려 나갔습니다. 오디세우스가 그를 막아서며 말했습니다.

"이보게, 아킬레우스! 당신을 찾으려고 거짓 나팔을 분 거요. 천하의 용사가 이게 무슨 꼴이오?"

오디세우스가 놀리듯 쳐다보자 아킬레우스는 여인으로 변장한 자신이 몹시 부끄러웠습니다.

"좋습니다. 나도 당당하게 전쟁에 참가하지요."

"잘 생각했소."

아킬레우스가 스키로스를 떠나는 날, 리코메데스의 딸 데이다메이아가 눈물을 흘리며 배웅했습니다. 그녀는 아킬레우스의 아이를 잉태하고 있었지요.

"전쟁이 끝나는 대로 돌아올 테니 기다려 주시오."

아킬레우스는 데이다메이아와 헤어져 프티아로 갔습니다. 그는 아버지 펠레우스에게 배 오십 척과 병사들을 얻었습니다. 그가 프티아를 떠날 때 그의 가장 친한 친구 파트로클로스가 따라나섰습니다.

"내가 있어야 자네가 든든하지 않겠나?"

"하하, 제발 짐이나 되지 말게."

아킬레우스는 기뻐하며 그와 함께 배를 이끌고 아울리스로 향했습니다.

마침내 그리스 연합군이 트로이로 떠나는 날이 다

가왔습니다. 아가멤논이 출발에 앞서 신들에게 제사를 올렸지요.

"신들이시여, 승리의 그날까지 그리스군에게 용기를 북돋워 주소서!"

그때 커다란 구렁이가 나타나 제단 옆의 플라타너스로 기어올랐습니다. 그러더니 둥지 안에 있던 참새 아홉 마리를 삼키고는 돌로 변했습니다.

예언자 칼카스가 큰 소리로 외쳤습니다.

"저건 신들의 응답입니다. 이번 전쟁은 아홉 해가 지나고 십 년째가 되어서야 끝날 것입니다."

장수들이 여기저기서 웅성거렸습니다. 그게 사실이라면 전쟁이 너무도 길었으니까요.

"열 달인지도 모르니 걱정들 마시오."

아가멤논이 목소리를 높여 장수들을 달랬습니다.

그리스 연합군은 항구를 떠날 준비를 모두 마쳤습니다. 그런데 그날 밤부터 거센 역풍이 불어오더니 며칠이 지나도 그칠 기미가 보이지 않았습니다. 마음이 답답해진 아가멤논은 칼카스에게 신탁을 받아 오게 했습니다.

그는 돌아오자마자 아가멤논에게 물었습니다.

"사령관님, 혹시 이 근처 숲에서 사냥을 하신 적이 있습니까?"

"얼마 전에 암사슴을 한 마리 잡았소."

"그 사슴은 아르테미스 여신이 아끼던 것입니다. 여신이 노여움을 풀어야 바람이 그친다고 합니다."

아가멤논이 방법을 묻자 칼카스는 오랫동안 망설이더니 겨우 입을 열었습니다.

"사령관님의 딸을 제물로 바쳐야 한답니다."

아가멤논이 너무 놀라 말을 잇지 못했습니다. 그는 한참을 고민한 끝에 신탁을 따르기로 했습니다.

아가멤논은 미케네로 사람을 보내 딸 이피게네이아를 데려왔습니다. 아내 클리타임네스트라에게는 딸을 결혼시킬 거라고 거짓 편지를 썼지요.

바닷가에 아르테미스를 위한 제단이 차려졌습니다. 이피게네이아는 말이 없었습니다. 그녀는 아버지와 그리스군을 위해 기꺼이 목숨을 바치기로 했습니다.

한 병사가 제단 위에 묶인 이피게네이

클리타임네스트라의 복수

클리타임네스트라는 남편 아가멤논이 자신을 속이고 딸 이피게네이아를 제물로 바쳤다는 사실에 크게 분노했다. 그녀는 나중에 전쟁에서 돌아온 남편에게 복수한다. 도끼 아래로 흐르는 피가 섬뜩하다.

■ 존 콜리어, 〈클리타임네스트라〉

아를 향해 칼을 내리쳤습니다.

"아악!"

이피게네이아의 비명이 터져 나온 것과 동시에 칼을 내리친 병사가 외쳤습니다.

"공주님께서 하늘로 올라가십니다!"

과연 이피게네이아의 몸이 제단 위로 떠오르고 그 자리에 암사슴이 죽어 있었습니다. 아르테미스가 그녀를 불쌍히 여겨 하늘로 올리고 대신 암사슴을 죽게 한 것이지요. 여신은 그녀를 타우로이족의 나라로 데려가 신전을 지키는 신녀로 삼았습니다.

이튿날 바다는 언제 그랬냐는 듯 잔잔해졌습니다. 그리스군은 드디어 돛을 올리고 항구를 떠났습니다. 스무 살도 채 안 된 아킬레우스가 그리스군의 선봉장에 섰습니다.

그리스군이 쳐들어온다는 소식에 트로이는 혼란에 빠졌습니다. 소문이 꼬리에 꼬리를 물고 부풀려져 사람들은 두려움에 떨었지요.

"그리스 병사들은 사람의 피를 마신다는군."

"어디 그뿐인가? 몸에 날개가 있어서 높은 성벽도 훌쩍 뛰어넘는다던데?"

제물이 된 이피게네이아

아가멤논은 그리스 연합군의 순조로운 출항을 위해 딸 이피게네이아를 제물로 바친다. 오른쪽에 서 있는 남자는 예언자 칼카스이다.

■ 〈이피게네이아의 희생〉, 프레스코화.

트로이의 총사령관 헥토르
프리아모스의 아들로 무예가 뛰어나고 용맹하기로 이름난 트로이 최고의 장수이다. 트로이 전쟁에서 크게 활약하다가 아킬레우스에게 죽임을 당한다.

프리아모스 왕은 그리스군에 맞서기 위해 병사들을 모았습니다. 총사령관 헥토르가 늠름한 모습으로 군대를 이끌었지요. 헥토르 양옆으로 왕자 데이포보스와 용사 아이네이아스가 따랐습니다.

트로이 군대는 성 주위를 돌며 행진했습니다. 그 위풍당당한 모습에 백성들은 안심하며 큰 박수를 보냈습니다.

그리스 반도와 소아시아의 하늘에 전쟁의 먹구름이 내려앉았습니다. 신들도 전쟁을 앞두고 양쪽으로 나뉘었습니다.

파리스의 심판에서 선택되지 못한 헤라와 아테나는 그리스 편을 들었습니다. 포세이돈과 헤파이스토스, 헤르메스도 그리스를 응원했습니다.

아프로디테는 당연히 파리스가 있는 트로이 편이었습니다. 더구나 트로이 장수 아이네이아스는 여신이 낳은 아들이었지요. 그러자 여신과 연인 사이인 아레스도 트로이를 편들었습니다. 아폴론과 아르테미스도 트로이를 동정했습니다.

제우스는 어느 쪽도 편들지 않은 채 신들을 불러 당부했습니다.

필록테테스

뱀에게 물린 채 렘노스 섬에 버려진 필록테테스. 트로이 전쟁의 영웅 가운데 한 명으로 활의 명수이다.
헤라클레스를 화장할 때 용감하게 장작더미에 불을 놓음으로써 헤라클레스의 활과 독화살을 갖게 되었다.

■ 장 바티스트 카르포, 〈필록테테스〉, 조각.

"뒤에서 돕는 건 좋으나 그대들이 전투에 나서지는 마시오. 그대들끼리 싸우거나 정의롭지 못한 행동을 하면 엄벌에 처할 것이오."

신들은 제우스의 말을 두려워했습니다. 그래서 자기가 아끼는 장수들을 몰래 도와주었습니다.

그리스 연합군이 오랜 항해 끝에 트로이 앞바다에 이르렀습니다. 아가멤논은 가까운 테네도스 섬에 이르러 잠시 쉬어 가기로 했습니다. 그런데 필록테테스가 숲을 돌아보다가 뱀에게 발을 물렸습니다. 그는 다리가 퉁퉁 붓고 상처에서는 고약한 냄새마저 풍겼습니다.

아가멤논은 테네도스 부근의 렘노스 섬에 그를 내리게 한 채 배를 출발시켰습니다.

트로이 상륙을 앞두고 아가멤논이 우렁찬 목소리로 외쳤습니다.

"모래벌판에 배를 대고 트로이 성을 총공격하라!"

그리스의 배들이 바닷가로 다가갔습니다. 헥토르가 이끄는 트로이 병사들이 달려 나와 그리스군에 맞섰습니다.

그리스 배에서 가장 먼저 뛰어내린 장수는 프로테

실라오스였습니다. 그는 앞장서서 트로이 병사들과 싸우다가 헥토르의 창에 찔려 죽었습니다.

아킬레우스가 달려와 프로테실라오스를 안았습니다. 트로이의 장수 키크노스가 이를 놓칠세라 아킬레우스에게 달려들었습니다. 아킬레우스는 키크노스를 맨손으로 내던지며 천둥 같은 고함을 질렀습니다.

"그리스의 선봉장 아킬레우스가 나가신다!"

그는 적군 속으로 내달리며 창을 휘둘렀습니다. 트로이의 수많은 병사가 힘없이 쓰러졌지요. 그리스군은 사기가 올라 트로이군을 거세게 밀어붙였습니다.

그리스와 트로이의 첫 전투는 그리스의 큰 승리로 끝났습니다. 바다와 트로이 성 사이에 있는 스카만드로스 강 근처의 들판은 병사들의 시체로 발 디딜 틈조차 없었습니다. 트로이군은 성안으로 후퇴하고 성문을 닫아걸었습니다.

신화 갤러리 2

▲ **아테네의 학생들**
중앙에 서 있는 두 사람은 그리스의 대표적인 철학자 플라톤과 아리스토텔레스이다.
아테네의 토론 문화는 그리스의 민주 정치와 학문이 발달하는 밑거름이 되었다.
■ 라파엘로 산치오, 〈아테네 학당〉

영원한 맞수, 아테네와 스파르타

고대 그리스 시대에는 수많은 도시 국가가 있었습니다. 그중에 아테네와 스파르타가 가장 강력했지요. 두 국가는 정치, 경제, 생활 태도 등 여러 면에서 매우 달랐습니다.

해안에 위치한 아테네는 해상 무역을 통해 부를 쌓았습니다. 이를 바탕으로 화려한 문화를 꽃피웠으며, 시민들에 의한 민주 정치가 발달했지요. 반면에 내륙에 위치한 스파르타는 주로 농사를 지었습니다. 또 교육과 결혼 등 모든 생활을 국가에서 일일이 간섭했습니다. 그래서인지 스파르타는 강한 군사력을 토대로 용맹을 떨쳤지만, 문화적으로는 크게 발전하지 못했습니다.

아테네와 스파르타는 서로 경쟁하고, 때로는 도우며 고대 그리스의 번영을 이끌었습니다.

▼ **아테네와 스파르타 비교**

비교	아테네	스파르타
위치	해안 지방	내륙 지방
정치	민주 정치	귀족 정치
경제	해상 무역	농업
문화	개방적	폐쇄적
노예	개인 소유	국가 소유

엄격한 스파르타식 교육

고대 그리스의 도시 국가인 스파르타는 아이들을 엄격하게 교육시키기로 유명했습니다. 여기서 유래하여 지금까지 '스파르타식 교육'이라는 말을 사용하는데, 이는 개인의 자유가 매우 제한되는 강압적이고 조직적인 교육법을 일컫는 말로 쓰이지요.

스파르타에서는 허약한 아이가 태어나면 들판에 버리고, 건강한 아이들만 골라 교육하고 훈련시켰습니다. 남자아이들은 일곱 살이 되면 '아고게'라는 곳에서 고된 교육을 받고, 십 대에는 어려운 시험을 치렀으며, 서른 살까지 공동체 생활을 했습니다.

스파르타는 국가가 철저하게 관리하는 이러한 교육을 통해 강력하고 조직적인 군사력을 길렀으며, 이를 바탕으로 펠로폰네소스 반도를 지배하게 되었습니다.

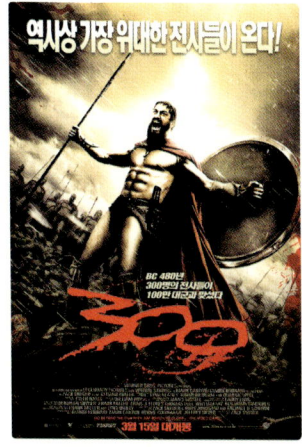

▲ 영화 〈300〉
페르시아 전쟁 때 300명의 스파르타 정예군이 수십 만 페르시아군을 막아 낸 테르모필레 전투를 다룬 영화. 스파르타 전사들의 용맹함을 잘 보여 주었다.

◀ 스파르타의 아이들
앞가슴을 드러내고 옆이 트인 스커트를 입은 여자아이가 남자아이들에게 대결을 제안하듯 손을 내밀고 있다.
스파르타는 여자들에게도 체력 단련 등 많은 교육을 시켰으며, 그만큼 성차별도 적었다.
■ 에드가 드가, 〈소년에게 도전하는 스파르타 소녀〉

[3장]
십 년 전쟁의 시작

　트로이 성문은 굳게 잠긴 채 열릴 줄 몰랐습니다. 그리스군이 아무리 싸움을 걸어도 트로이군은 꿈쩍도 하지 않았지요. 그리스 장수들과 병사들은 진지에서 먹고 자는 일로 하루하루를 보냈습니다.
　지루한 나날은 가족과 고향 생각을 키웠습니다. 오디세우스도 마찬가지였습니다. 부두에서 손을 흔들던 페넬로페와 아들의 모습이 눈에 선했습니다. 그럴수록 자신을 전쟁에 끌어들인 팔라메데스를 용서할 수 없었습니다.
　'내 가족의 행복을 깨뜨린 자를 가만두고 보아야 한단 말인가.'

　오디세우스는 복수를 결심했습니다.

　그는 거짓 편지를 한 통 써서 트로이의 왕이 팔라메데스에게 보낸 것처럼 꾸몄습니다. 팔라메데스가 트로이에 항복한 대가로 금을 보낸다는 내용이었지요.

　그런 다음 팔라메데스의 막사 아래에 금을 묻고, 아가멤논의 막사 주변에 편지를 떨어뜨렸습니다. 한 병사가 그 편지를 발견해 아가멤논에게 올렸습니다.

"이럴 수가! 남도 아니고 사촌이란 자가 나를 배신하다니……."

아가멤논은 병사들을 보내 팔라메데스의 막사를 뒤졌습니다. 과연 금이 나오자 아가멤논은 즉시 그를 처벌했습니다.

"저 배신자를 끌어내 돌로 쳐 죽여라!"

팔라메데스를 편들어 주는 장수는 아무도 없었습니다. 오디세우스가 꾸민 음모는 그만큼 치밀하고 잔인했습니다. 오디세우스는 억울해하며 죽어 가는 팔라메데스를 보자 비로소 자신의 행동에 부끄러움을 느꼈습니다.

아킬레우스는 오디세우스 때문에 전쟁에 참가하게 되었지만 그를 원망하는 마음은 없었습니다. 그에게는 오직 전쟁에서 승리하겠다는 마음뿐이었지요.

'어떻게든 트로이군을 싸움터로 끌어내야 해.'

그는 틈만 나면 병사들을 이끌고 나가 프리아모스의 아들들을 죽이고 가축들을 빼앗으며 트로이군을 자극했습니다. 하지만 트로이군은 그럴수록 아킬레우스를 두려워하며 더욱 움츠러들었지요.

아킬레우스는 바짝 약이 올랐습니다.

'어디 얼마나 버티는지 두고 보자.'

아킬레우스는 트로이의 이웃 왕국들을 하나씩 정복했습니다. 식량을 얻는 한편 트로이를 고립시키려는 전략이었지요. 그는 가는 곳마다 승리를 거두었습니다. 리르네소스 왕국에서는 브리세이스 왕비를 사로잡아 시녀로 삼았습니다.

그러자 아가멤논과 다른 장수들도 경쟁하듯이 이웃 왕국들을 정복했습니다. 그리스군은 그렇게 식량과 노예를 만들었습니다. 그사이 전쟁은 칼카스의 예언대로 구 년이 지나고 십 년째로 접어들었습니다.

트로이 주변국들은 그리스군에 큰 두려움을 느꼈습니다. 그래서 여러 왕국이 트로이와 힘을 합해 그리스군에 맞서고자 했습니다.

그즈음 갑자기 전염병이 돌아 수많은 그리스군이 죽었습니다. 아가멤논과 장수들이 대책을 의논하기 위해 회의를 열었습니다.

칼카스가 나서서 까닭을 설명했습니다.

"총사령관님 때문에 벌을 받는 것입니다."

"도대체 그게 무슨 소리요?"

아가멤논이 칼카스를 노려보았습니다. 칼카스는 그

예언자 칼카스

눈먼 예언자 테이레시아스가 죽은 뒤 그리스에서 가장 뛰어난 예언자라는 평가를 받았다. 그는 트로이 전쟁이 십 년 동안 계속될 것이라고 예언했다.

▪ 프레스코화.

의 눈길을 피하며 장수들에게 설명했습니다.

아가멤논은 한 왕국을 정복하고 크리세이스라는 여인을 시녀로 삼았습니다. 그녀는 아폴론을 섬기는 신관 크리세스의 딸이지요. 크리세스가 찾아와 딸을 돌려달라고 애원했지만 아가멤논은 매몰차게 거절했습니다.

크리세스는 그길로 신전으로 달려가 아폴론 신에게 아가멤논을 벌해 달라고 빌었습니다. 그 기도를 들은 아폴론이 그리스군에 전염병을 퍼뜨린 것입니다.

칼카스의 이야기가 끝나자 아킬레우스가 단호하게 말했습니다.

"총사령관님, 크리세이스를 돌려보내 주십시오."

"그대가 감히 내게 명령하는 것인가?"

아가멤논은 크리세이스를 보내기 싫어 괜한 트집을 잡았습니다. 아킬레우스가 목소리를 높이며 아가멤논을 몰아붙였습니다.

"병사들이 죽어 가는데 그깟 시녀가 그리도 중요합니까?"

"너 또한 브리세이스라는 여인을 시녀로 부리지 않느냐. 그녀를 나에게 준다면 크리세이스를 돌려보내

싸움을 말리는 아테나
아킬레우스가 아가멤논에게 칼을 뽑아들자, 아테나가 아킬레우스의 머리카락을 잡아채 싸움을 말리고 있다.
■ 조반니 바티스타 티에폴로, 〈아가멤논을 죽이려는 아킬레우스를 막는 아테나〉

겠다."

"참으로 비겁하시군요. 마음대로 하십시오. 그 대신 나는 이 전쟁에서 손을 떼겠습니다. 어디 나 없이 잘 싸워 보십시오."

아킬레우스는 막사를 박차고 나가 버렸습니다.

아가멤논은 하는 수 없이 크리세이스를 돌려보냈습니다. 그러자 그리스군을 괴롭히던 전염병이 씻은 듯이 사라졌지요.

그럼에도 아가멤논과 아킬레우스는 화해하지 못했습니다. 아가멤논이 고집을 꺾지 않고 브리세이스를 데려간 것입니다. 아킬레우스는 자기 병사들에게 싸움에 나서지 말라는 명령을 내리고 배 안에 틀어박혔습니다.

트로이군이 이때를 놓칠세라 총공격에 나섰습니다. 헬레네를 빼앗긴 메넬라오스는 파리스가 병사들을 이끄는 쪽으로 이를 갈며 달려들었습니다.

"네놈이 아직도 살아 있다는 게 분하구나!"

메넬라오스는 파리스를 거세게 몰아붙였습니다. 가축을 기르던 파리스는 메넬라오스의 상대가 되지 않았습니다. 아프로디테가 파리스를 낚아채 겨우 목숨을 건졌지요.

파리스와 달리 헥토르와 아이네이아스는 싸움터를 누비며 수많은 그리스 병사를 죽였습니다. 아프로디테와 아레스가 뒤에서 그들을 도왔지요.

아레스는 헥토르의 전차에 올라 그리스군에게 창을 휘둘렀습니다. 아프로디테도 아들 아이네이아스에게 날아드는 화살과 창들을 막아 주었습니다.

이때 아르고스의 왕 디오메데스가 아이네이아스에게 달려들었습니다.

"네놈의 머리통을 날려 주마!"

디오메데스가 던진 바위에 아이네이아스가 허리를 맞고 쓰러졌습니다. 아프로디테도 손목에 큰 상처를 입은 채 아들을 부축해 달아났습니다.

아테나가 이 광경을 지켜보고 전투에 나서기로 마음먹었습니다.

'흥, 제우스가 그리도 당부했건만! 나도 보고만 있을 순 없지.'

여신은 디오메데스를 도와 아레스를 공격했습니다. 아레스는 디오메데

인간에게 당하는 신들

아레스와 아테나는 제우스의 명령을 어기고 트로이 전쟁에 직접 참가한다.
디오메데스는 아프로디테에게 상처를 입히는 한편, 아테나의 도움에 힘입어 창으로 아레스를 찌른다.

■ 아르투어 피트거, 〈아프로디테에게 상처를 입힌 디오메데스〉

십 년 전쟁의 시작

스의 창에 아랫배를 찔리는 상처를 입고 올림포스로 달아났습니다.

아레스가 없어도 헥토르의 전차는 싸움터를 이리저리 누볐습니다. 헥토르는 그리스 장수들을 향해 외쳤습니다.

"너희 중에 가장 용감한 자와 일대일로 싸우고 싶다. 자신 있는 자는 앞으로 나와라!"

"내가 상대해 주지."

아이아스가 전차를 몰고 앞으로 나섰습니다.

두 장수는 서로 조금도 밀리지 않고 팽팽하게 맞섰습니다. 한낮에 시작된 싸움은 해가 질 때까지 이어졌지요. 양편의 장수들이 두 사람을 떼어 놓고서야 싸움이 간신히 끝났습니다.

둘은 속으로 서로의 실력에 감탄했습니다. 헥토르는 성으로 돌아가며 생각했습니다.

'아이아스가 저 정도 실력이면 아킬레우스는 대체 얼마나 센 걸까? 그가 없는 동안 어떻게든 전쟁을 끝내야 해.'

헥토르는 쉬지 않고 그리스군을 공격해야겠다고 마음먹었습니다.

아킬레우스를 찾아가다
아가멤논의 전령들이 아킬레우스를 찾아가 전쟁에 다시 참여하도록 설득하고 있다.
리라를 든 이가 아킬레우스이고, 빨간 망토를 두른 이가 오디세우스이다.
■ 장 오귀스트 도미니크 앵그르, 〈아킬레우스의 막사를 찾아간 아가멤논의 사절〉

그리스군은 트로이의 거센 공격에 점점 뒤로 밀렸습니다. 진지 둘레에 흙벽을 쌓고 그 앞에 구덩이를 파며 방어에 나섰지요.

그사이 오디세우스와 아이아스가 아킬레우스를 찾아갔습니다.

"아가멤논 왕이 사과하고 브리세이스도 돌려주기로 했으니 그만 화를 푸시오."

"다 필요 없으니 그냥 돌아가십시오."

아킬레우스는 딱 잘라 거절했습니다.

헥토르는 날마다 군사를 이끌고 와서 맹렬하게 공격을 퍼부었습니다. 그리스군은 들판에서 맞서다가 번번이 밀려 흙벽 안으로 후퇴했습니다.

마침내 헥토르가 흙벽을 무너뜨리고 들이닥쳤습니다. 그의 공격에 맞서다가 아가멤논과 오디세우스, 디오메데스마저 큰 부상을 입었지요.

"적의 배를 불태워라!"

헥토르의 명에 따라 트로이 병사들이 그리스군의 배에 횃불을 던졌습니다. 오랫동안 뭍에서 바짝 마른 배들은 금세 불타올랐습니다.

아킬레우스는 그리스 진지에서 조금 떨어진 해안에

배를 대고 있었습니다. 그는 그리스 배들이 불타는 것을 보고 자리에서 벌떡 일어났습니다.

그때 파트로클로스가 아킬레우스의 배 안으로 달려왔습니다.

"아킬레우스, 이렇게 보고만 있을 텐가?"

"난 그리스군이 어찌 되든 상관하고 싶지 않아."

"그럼 자네 갑옷과 투구라도 내게 빌려주게. 내가 자네인 것처럼 꾸미고 나서겠네."

"그건 너무 위험해. 자네는 내가 아닐세."

"그럼 그리스군이 당하는 꼴을 이대로 지켜보란 말인가?"

아킬레우스는 친구의 청을 거절할 수 없어 파트로클로스에게 갑옷과 투구를 건네주었습니다.

"적진으로 너무 깊이 들어가지는 말게."

파트로클로스는 고개를 끄덕이며 전차를 몰고 적진 속으로 돌진했습니다. 그를 본 트로이의 장수가 소리쳤습니다.

"아킬레우스가 나타났다!"

그 말에 트로이 병사들이 겁을 먹고 도망치기 시작했습니다. 파트로클로스가 그들을 쫓아 수많은 트로

사르페돈의 죽음

제우스의 아들인 사르페돈이 트로이군을 돕다가 파트로클로스에 의해 죽음을 맞는다.
죽음의 신 타나토스와 잠의 신 히프노스가 사르페논의 주검을 옮기고 있다.

■ 서기전 5세기 무렵, 항아리.

이군을 쓰러뜨렸습니다. 그중에는 트로이를 도우러 온 리키아의 왕 사르페돈도 있었지요.

파트로클로스는 자신감에 넘쳐 아킬레우스의 당부를 잊고 적진 깊숙이 들어갔습니다. 그러다 트로이의 장수 에우포르보스의 창에 어깨를 찔렸습니다. 그가 주춤하는 사이, 헥토르가 달려들어 그의 가슴에 창을 꽂았습니다.

"허억!"

파트로클로스가 쓰러지자 트로이 병사들의 사기가 하늘을 찔렀습니다.

"아킬레우스가 죽었다!"

병사들은 파트로클로스의 갑옷과 투구를 벗겼습니다. 순간 아이아스가 달려와 적들을 물리치고 파트로클로스의 주검을 전차에 실었습니다.

헥토르는 자신이 죽인 이가 아킬레우스가 아니라는 것을 알았지만 그래도 기뻤습니다. 큰 승리를 거두고 아킬레우스의 갑옷과 투구까지 얻었으니까요.

파트로클로스의 주검은 상처와 피로 뒤덮여 처참했습니다. 아킬레우스는 그 앞에 엎드려 비통하게 울부짖었습니다.

숨을 거둔 파트로클로스
메넬라오스가 파트로클로스의 주검을 안고 분노하고 있다.
■ 〈메넬라오스와 파트로클로스〉, 조각.

"친구여, 내 손으로 원한을 갚기 전에는 자네를 보내지 않겠네."

그는 파트로클로스를 배 안에 두고 아가멤논을 찾아갔습니다.

"지난 일은 다 잊고 전투에 나서겠습니다."

"고맙소. 나도 그대에게 진심으로 사과하오."

이튿날 아킬레우스가 싸움에 나서면서 전세는 완전히 역전되었습니다.

트로이군은 아킬레우스가 이끄는 그리스군에 밀려 성안까지 후퇴했습니다. 헥토르만이 성문 앞에 홀로 남아 아킬레우스를 향해 외쳤습니다.

"나와 일대일로 승부를 가리자."

"내가 원하는 바다. 네놈을 갈가리 찢어 주마."

두 용사는 누가 먼저랄 것도 없이 동시에 달려들었습니다. 칼과 칼이 맹렬하게 부딪치며 불꽃을 일으켰습니다.

헥토르가 먼저 칼을 떨어뜨렸습니다. 그는 성벽을 따라 전차를 몰며 도망쳤습니다. 아킬레우스가 그를 날래게 뒤쫓았지요. 둘은 쫓고 쫓기며 넓디넓은 트로이 성을 세 바퀴나 돌았습니다.

둘이 다시 성문 앞에 이르렀을 때, 아킬레우스의 전차가 헥토르를 바싹 따라잡았습니다. 헥토르가 절망스러운 표정으로 뒤를 돌아보며 외쳤습니다.

"부탁이 있다. 나를 죽이거든 부디 내 주검을 욕보이지 말아 다오."

"내게 그런 아량을 기대하지 마라!"

아킬레우스가 대답과 동시에 칼을 휘둘렀습니다. 칼끝이 헥토르의 뒷덜미를 베었습니다. 순간 헥토르가 전차에서 떨어졌습니다. 성 위에서 이를 지켜보던 프리아모스와 헤카베가 비명을 질렀습니다. 그리스 진영에서는 함성이 일었습니다.

"와, 아킬레우스 만세!"

아킬레우스가 헥토르에게 다가갔습니다. 헥토르가 마지막 숨을 몰아쉬며 말했습니다.

"그대 같은 용사의 손에 죽으니 억울하지는 않구려. 그대도 언젠가는 누군가에게 죽을 테지……."

"닥쳐라! 네놈을 한 번밖에 죽이지 못하는 게 아쉬울 뿐이다."

아킬레우스는 헥토르의 가슴에 사정없이 칼을 꽂았습니다. 그는 헥토르의 발목을 전차에 매달고 성 위를

아킬레우스와 헥토르의 대결
아킬레우스가 헥토르의 가슴에 칼을 꽂는 순간을 표현했다.
■ 고대 그리스 시대, 항아리.

아킬레우스의 복수
아킬레우스는 친구의 목숨을 앗아 간 헥토르를 죽인 뒤, 그의 주검을 전차에 매달아 끌고 갔다.
■ 도나토 크레티, 〈헥토르의 주검을 끌고 트로이 성 주위를 도는 아킬레우스〉

올려다보며 외쳤습니다.

"헥토르의 주검을 찾을 생각 마라. 내 친구를 죽인 죗값이다."

그는 전차를 몰고 그리스 진영으로 돌아갔습니다. 헥토르의 주검이 땅에 질질 끌리며 흙먼지를 일으켰습니다.

다음 날 아킬레우스는 파트로클로스의 장례를 치렀습니다. 장례식이 끝난 뒤, 아가멤논은 운동 경기를 열어 파트로클로스의 죽음을 위로했습니다.

아킬레우스는 날마다 병사들에게 헥토르의 주검을 전차에 매달고 파트로클로스의 무덤 주위를 돌게 했습니다. 밤이 되면 헥토르의 주검은 막사 옆에 내던져졌지요. 병사들은 그 옆을 지나며 돌을 던지거나 침을 뱉었습니다.

제우스가 이를 보다 못해 테티스를 불렀습니다.

"아킬레우스를 달래어 헥토르의 주검을 돌려주게 하시오."

그러고는 헤르메스를 불러 명령을 내렸습니다.

"네가 프리아모스를 아킬레우스에게 데려다 주어

라. 아들의 주검이라도 찾아야 하지 않겠느냐."

헤르메스는 곧장 트로이로 날아가 프리아모스 앞에 모습을 나타냈습니다.

"일어나라. 나와 함께 아킬레우스에게 가자."

프리아모스는 수레에 귀한 선물을 가득 싣고 밤길을 나섰습니다. 헤르메스가 앞질러 가서 그리스군의 보초들을 모두 잠재웠지요.

아킬레우스는 프리아모스를 보고 깜짝 놀랐습니다. 프리아모스는 무릎을 꿇고 애원했습니다.

"위대한 용사여, 이 늙은이를 불쌍히 여겨 내 아들의 주검만은 돌려주시오."

프리아모스의 눈에서 눈물이 흘러내려 주름진 볼을 적셨습니다. 아킬레우스는 그 모습을 보고 자신의 늙은 아버지를 떠올렸습니다. 그는 이미 어머니의 당부로 헥토르의 주검을 돌려줄 생각이었지요.

"왕이시여, 그만 눈물을 거두십시오. 아드님의 주검을 돌려 드리겠습니다."

"고맙소. 그대에게 신들의 보살핌이 있기를……."

프리아모스가 아킬레우스의 손을 꼭 잡았습니다.

애원하는 프리아모스
프리아모스가 아킬레우스를 찾아가 아들 헥토르의 시신을 돌려 달라고 애원하고 있다. 아킬레우스의 침대 밑에 헥토르의 주검이 놓여 있다.
■ 고대 그리스 시대, 항아리.

아킬레우스는 선물도 받지 않고 헥토르의 주검을 수레에 실어 주었습니다.

날이 밝자 아킬레우스는 아가멤논에게 청해 며칠간 전투를 멈췄습니다. 그사이 트로이에서는 백성들의 통곡 속에 헥토르의 장례를 치뤘습니다.

전투가 다시 시작되었습니다. 때마침 트로이군에 지원군이 생겼습니다. 아마존족의 여왕 펜테실레이아가 여전사들을 이끌고 온 데다가 멀리 에티오피아의 왕 멤논도 트로이를 도우러 왔지요.

아마존족의 지원은 그리스군에 큰 위협이 되었습니다. 펜테실레이아는 바람처럼 말을 달리며 활을 쏘았습니다. 그녀의 활 솜씨는 백발백중이었지요.

아킬레우스는 쏜살같이 달려들어 창으로 그녀의 겨드랑이를 찔렀습니다. 그는 용맹한 그녀가 여자라는 게 믿기지 않아 투구를 벗겨 보았습니다. 햇빛에 드러난 그녀의 얼굴은 놀랍도록 아름다웠습니다.

'적이 아니었다면 얼마나 좋았을까.'

그는 그녀의 시신을 잘 묻어 주었습니다.

멤논은 새벽의 여신 에오스의 아들로 무예가 뛰어났습니다. 노장 네스토르가 그와 맞서다가 목숨을 잃을 뻔했지요.

이번에도 아킬레우스가 나서서 그와 겨루었습니다. 그동안 테티스와 에오스는 제우스를 찾아가 서로 자기 아들을 살려 달라고 간곡히 부탁했습니다.

제우스가 누구의 편도 들지 못해 곤혹스러워하는 사이, 아킬레우스의 창이 멤논의 목을 꿰뚫었습니다.

그때부터 에오스는 새벽에 별들의 불을 끄는 동안 아들을 그리며 눈물을 흘렸습니다. 여신이 새벽마다 흘리는 눈물이 땅 위로 떨어져 이슬이 되었지요.

트로이군은 다시 성문을 닫아걸었습니다. 병사들의 수가 크게 줄고, 사기마저 땅에 떨어졌지요.

헬레네는 전쟁이 그리스의 승리로 끝날까 봐 안절부절못했습니다. 파리스는 전쟁을 불러온 자신의 행동을 뒤늦게 후회하며 괴로워했습니다.

파리스는 홀로 아폴론의 신전을 찾았습니다. 그는 제물을 바치고 향을 피우며 기도했습니다.

"신이시여, 제가 불러온 화를 제가 거두게 하소서. 죽은 형제들과 병사들을 위해 복수할 기회를 주소서."

그의 기도는 간절하고 지극했습니다. 그의 기도를 들은 아폴론이 목소리로 응답했습니다.

"활을 들어라!"

파리스는 그 말을 가슴에 새겼습니다.

이튿날 파리스는 활을 들고 성문 위로 올라갔습니다. 그의 활 솜씨는 보잘 것 없었지만 그는 아폴론의 응답을 믿었습니다.

멀리 질풍처럼 전차를 모는 아킬레우스가 보였습니다.

"트로이의 겁쟁이들아, 이제 그만 항복해라!"

아킬레우스가 트로이 병사들을 성문 앞까지 바싹 뒤쫓았습니다. 파리스가 침착하게 화살을 시위에 물렸습니다.

'아폴론이시여, 제게 힘을 주소서.'

그는 마음속으로 기도하며 아킬레우스를 향해 화살을 날렸습니다. 순간 아폴론이 파리스가 쏜 화살에 힘을 불어넣었습니다.

허공을 가르며 날아간 화살은 아킬레우스의 발뒤꿈치로 정확히 날아갔습니다. 아폴론은 아킬레우스의 약점을 알고 있었던 거예요.

아킬레우스의 죽음

아킬레우스는 파리스의 화살에 유일한 약점인 발뒤꿈치를 맞고 숨을 거둔다.
파리스의 뒤로 그를 돕는 아폴론이 보인다.

■ 페터 파울 루벤스, 〈아킬레우스의 죽음〉

"으윽!"

아킬레우스가 전차에서 굴러떨어졌습니다. 그의 귓가에 어머니 테티스가 내지르는 비명 소리가 들리는 듯했습니다.

"와아아!"

트로이 성 위에서 함성이 일었습니다. 트로이군과 그리스군은 아킬레우스의 주검을 가운데 두고 몸싸움을 벌였습니다. 트로이를 도운 리키아의 장수 글라우코스가 아킬레우스의 투구를 벗기려 했습니다.

"감히 어딜 만지느냐?"

그리스의 아이아스가 고함을 지르며 글라우코스의 등에 창을 박았습니다. 그는 아킬레우스의 주검을 어깨에 둘러메고 그리스 진영으로 달려갔습니다. 트로이 병사들이 그를 뒤쫓았습니다.

오디세우스가 달려 나와 방패로 트로이 병사들을 막았습니다. 아이아스는 간신히 아킬레우스의 주검을 적에게 빼앗기지 않고 그리스 진영으로 돌아왔습니다.

> **유일한 약점 아킬레스건**
>
> 아킬레스건은 발뒤꿈치의 힘줄을 가리킨다. 또한 '최대의 약점' 또는 '유일한 약점'을 일컫는 말로도 쓰인다.
> 이는 아킬레우스가 유일하게 스틱스 강에 닿지 않은 발뒤꿈치에 화살을 맞아 숨진 데서 유래되었다.

신화 갤러리 3

▲ **영웅 아킬레우스의 분노**
친구의 죽음에 분노한 아킬레우스가 곧장 적진으로 뛰어들려 하자 아테나가 이를 말리고 있다.
■ 샤를 앙투안 쿠아펠, 〈분노한 아킬레우스〉

영웅을 꿈꾼 그리스 사람들

그리스 신화에는 사자를 손으로 때려잡은 헤라클레스, 괴물 메두사를 죽인 페르세우스, 트로이 전쟁에서 용맹하게 싸운 아킬레우스 등 수많은 영웅이 등장합니다.

영웅은 고대 그리스인이 꿈꾸는 완벽한 인간이었습니다. 혼자서 여러 적과 사나운 짐승을 상대할 만큼 힘이 세고, 온갖 시련을 이겨 내는 용기와 지혜를 지녔지요. 또한 정의의 편에 서서 항상 약한 이들을 보호했습니다.

사람들뿐만 아니라 신들도 영웅을 이상적인 인간으로 여기며 아꼈습니다. 또 영웅은 죽어서도 낙원에 간다고 믿었지요. 어린 시절부터 영웅의 모험담을 듣고 자란 고대 그리스인들은 영웅을 동경하며 그들을 닮기 위해 부단히 노력했습니다.

죽은 자는 땅에 묻어라!

그리스 사람들은 장례를 치르고 주검을 땅속에 묻어야 영혼이 지하 세계로 가서 안식을 얻는다고 믿었습니다. 그렇지 않으면 영혼이 백 년 동안 지하 세계를 떠돈다고 생각했지요.

소포클레스의 비극 《안티고네》에서 크레온 왕은 폴리네이케스의 주검을 짐승의 밥이 되도록 버려 두라는 벌을 내립니다. 폴리네이케스는 오이디푸스의 아들이자 안티고네의 오빠로, 안티고네는 왕명을 어기고 오빠를 묻어 준 뒤 스스로 죽음에 이릅니다.

고대 그리스인들은 장례를 치를 때 매우 독특한 방법으로 슬픔을 표현했습니다. 여자들은 주검을 둘러싼 채 머리를 뜯으며 통곡하고 남자들은 손을 높이 들어 올렸지요. 영웅이 죽었을 때는 전차 경주 등의 운동 경기를 펼치며 영웅의 넋을 위로했습니다.

▲ **고대 그리스의 장례식**
여성들은 주검을 둘러싼 채 머리를 쥐어뜯고, 남자들은 손을 높이 들어 올리며 애도하고 있다.
■ 서기전 6세기 무렵, 점토판.

▼ **오빠의 주검을 찾은 안티고네**
안티고네가 흙을 덮어 주기 위해 오빠의 주검 앞에 섰다.
■ 니키포로스 리트라스, 〈폴리네이케스의 시신 앞에 선 안티고네〉

[4장]
트로이의 함락

"아아, 아킬레우스여, 이게 대체 무슨 일인가!"

아가멤논이 아킬레우스의 주검 앞에서 비통한 목소리로 외쳤습니다. 장수들은 말없이 고개를 숙였지요.

아킬레우스의 장례식은 십칠 일 동안 계속되었습니다. 모든 이들이 그의 손에 입을 맞추며 죽음을 슬퍼했습니다.

테티스가 바다의 여신들과 무사이 여신들을 데리고 아들을 찾아왔습니다. 여신들은 노래를 부르며 아킬레우스의 영혼을 위로했지요. 테티스는 아들의 영혼을 지하 세계의 낙원인 엘리시온으로 데려갔습니다.

그리스군은 사기가 크게 떨어졌습니다. 트로이군도

웬일인지 성 밖으로 나오지 않았지요.

무료한 나날이 이어지자 그리스 병사들은 고향 생각이 간절했습니다. 아가멤논은 장수들을 불러 모아 대책을 의논했습니다.

"이대로 시간만 보낼 수는 없소. 앞으로 어떻게 하면 좋겠소?"

오디세우스가 침묵을 깨고 말했습니다.

"칼카스는 이 전쟁이 십 년 걸릴 거라고 했소. 올해가 바로 십 년째이니 다시 그의 예언을 들어 봅시다."

장수들이 동시에 칼카스를 쳐다보았습니다. 그가 자리에서 일어나 아가멤논을 향해 말했습니다.

"먼저 파리스를 없애야 합니다. 그럼 트로이의 왕자이자 예언자인 헬레노스가 성 밖으로 나올 것입니다. 그를 사로잡아 트로이를 지켜 주는 신탁의 비밀을 밝혀낸다면 우리가 승리할 것입니다."

"성안에 있는 파리스를 어떻게 죽인단 말이오?"

"헤라클레스의 독화살을 가진 필록테테스라면 해낼 수 있습니다."

칼카스의 말에 아가멤논이 오디세우스를 바라보았습니다. 오디세우스가 그 뜻을 알아채고 말했습니다.

엘리시온
지하 세계에 펼쳐진 낙원으로 이승에서 덕을 쌓은 사람들의 영혼, 특히 영웅들의 영혼이 머무는 곳이다. 엘리시온에는 밝고 화려한 풍경이 펼쳐지며 항상 기쁨이 넘친다.
파리의 유명한 거리인 샹젤리제는 엘리시온에서 나온 말이다.

"내가 가서 필록테테스를 데려오겠소."

그는 곧장 렘노스 섬으로 떠났습니다.

필록테테스는 다행히 살아 있었습니다. 그는 자신을 버려 둔 아가멤논을 몹시 증오했습니다. 오디세우스는 겨우 그를 달래서 트로이로 데려왔습니다.

오디세우스는 필록테테스와 함께 트로이 성 앞으로 갔습니다. 그러고는 약을 올리며 싸움을 걸었습니다.

"도적놈 파리스야, 네 활 솜씨를 한 번 더 보자꾸나. 쥐새끼처럼 숨어 있지 말고 당당하게 나와라!"

파리스가 오디세우스의 꾀에 넘어가 성 위로 나타났습니다. 그는 아킬레우스를 죽이고 의기양양했지만 차마 성 밖으로 나설 용기는 없었지요.

그 순간 필록테테스가 독화살을 건 시위를 당겼습니다. 모습을 감춘 헤라클레스가 그 화살에 힘을 실어 주었습니다. 시위를 떠난 독화살은 눈 깜짝할 사이에 파리스의 가슴에 박혔습니다.

파리스의 죽음을 누구보다 기뻐한 이는 메넬라오스였습니다. 반면에 헬레네는 깊은 절망에 빠졌습니다. 트로이로 도망쳐 온 이유가 사라졌으니까요.

그런 헬레네를 두고 데이포보스 왕자와 헬레노스

왕자가 서로 결혼하겠다며 다투었습니다. 프리아모스는 데이포보스의 손을 들어 주었습니다.

헬레노스는 이에 불만을 품고 트로이 성을 떠났습니다. 그가 성을 벗어나자마자 오디세우스가 그를 납치해 그리스 진영으로 데려갔지요.

"트로이를 지키는 신탁이 대체 무엇이냐?"

아가멤논의 물음에 헬레노스는 아버지에 대한 복수

심으로 사실을 순순히 털어놓았습니다.

"성안에는 팔라디온이라는 보물이 있습니다. 그것이 있는 한, 어떤 적도 트로이 성을 무너뜨릴 수 없습니다."

"우리가 그것을 차지하면 트로이 성을 무너뜨릴 수 있단 말이냐?"

아가멤논이 다시 물었습니다.

"그렇습니다. 그런데 그리스가 승리하려면 두 가지가 더 필요합니다. 먼저 펠롭스의 어깨뼈를 이곳으로 가져와 그의 영혼이 그리스를 돕게 해야 합니다. 또한 죽은 아킬레우스를 대신해 그의 아들이 선봉장을 맡아야 합니다."

"허허, 갈수록 태산이로구나. 내 할아버지의 어깨뼈야 얼마든지 모셔 올 수 있다만 아킬레우스의 아들이 어디에 있단 말이냐?"

아가멤논이 탄식하자 오디세우스가 나섰습니다.

"스키로스 섬에 그의 아들이 있으니 내가 가서 데려오겠소."

오디세우스는 디오메데스와 함께 길을 떠났습니다.

아킬레우스의 아들 네옵톨레모스는 아직 소년이었

펠롭스

아가멤논의 할아버지로 한때 펠로폰네소스 반도를 호령하던 영웅이다.
펠로폰네소스는 '펠롭스가 다스리던 섬'이라는 뜻으로, 펠롭스의 이름에서 비롯된 말이다.

습니다. 그런데도 아버지를 닮아 또래보다 몸집이 크고 힘이 장사였지요. 그는 그리스의 선봉장이 되어 달라는 부탁을 선뜻 받아들였습니다.

　오디세우스는 네옵톨레모스에게 아킬레우스의 갑

네옵톨레모스

아킬레우스와 데이다메이아의 아들이다. 소년의 나이로 트로이 전쟁에 참가해 그리스군의 선봉장 역할을 한다. 트로이의 목마 속에 숨어 들어가 적국의 왕 프리아모스를 죽이고 아버지 아킬레우스의 원수를 갚는다.
네옵톨레모스라는 이름은 '젊은 용사'라는 뜻이다.

옷과 투구를 주었습니다. 갑옷과 투구를 착용한 네옵톨레모스는 마치 살아생전의 아킬레우스 같았지요.

네옵톨레모스는 용사의 아들답게 용맹했습니다. 트로이를 도우러 온 미시아의 군사들을 크게 무찌르고, 미시아의 장수 에우리필로스의 목숨까지 빼앗았지요.

그러자 트로이군은 아킬레우스가 살아 돌아왔다며 또다시 성문을 굳게 닫아걸었습니다.

오디세우스는 네옵톨레모스를 격려하며 앞으로의 계획을 들려주었습니다.

"잘 싸웠다! 이제 우리는 마지막 전쟁을 준비할 것이다."

"저들을 성 밖으로 끌어낼 방법이라도 있습니까?"

"우리가 성안으로 들어간다. 그때도 네가 앞장서도록 해라."

그날 저녁 오디세우스와 디오메데스는 거지로 꾸미고 트로이 사람들이 드나드는 작은 성문으로 갔습니다. 트로이 병사가 문 앞에 서서 사람들을 일일이 살폈습니다. 병사는 두 사람을 보고 버럭 소리를 질렀습니다.

"이 거지들아, 어딜 들어가려고?"

"밥만 얻어먹고 금방 나오겠습니다."

디오메데스가 연신 굽신거리며 대답했습니다.

"냉큼 나오지 않으면 혼날 줄 알아!"

둘은 빠른 걸음으로 팔라디온이 보관된 건물을 찾았습니다. 주위를 서성이며 건물 안으로 들어갈 궁리를 하는데 한 여자와 딱 마주쳤습니다.

"아니, 당신은 이타케의 오디세우스?"

오디세우스도 그녀를 알아보았습니다. 그는 잠시 고민하다가 솔직히 말했습니다.

"헬레네, 우리는 팔라디온을 찾고 있소. 우리를 도와주겠소?"

오디세우스는 품속의 칼을 가만히 쥐었습니다. 일이 잘못되기라도 하면 그녀를 죽일 참이었지요. 그런데 의외의 대답이 돌아왔습니다.

"제가 열쇠를 가져올 테니 잠시만 기다리세요."

그녀는 어딘가로 달려갔습니다. 디오메데스가 귀엣말로 속삭였습니다.

"우리를 신고하려는 것 아닐까?"

"나도 모르겠네. 운명의 여신들이 어떤 처분을 내릴지 기다려 보세."

팔라디온을 훔치다

팔라디온은 아테나를 형상화한 작은 조각상으로 재산과 집안을 지켜 준다는 의미가 있다. 오디세우스와 디오메데스가 팔라디온을 훔치는 장면이 묘사되어 있다.

■ 서기전 3세기 무렵, 항아리.

그때 헬레네가 다가와 열쇠를 내밀더니 둘을 팔라디온이 보관된 곳까지 안내해 주었습니다.

오디세우스와 디오메데스는 팔라디온을 찾아서 옷 속에 숨기고 성문을 무사히 빠져나왔습니다. 헬레네는 멀어지는 두 사람을 오래 바라보았습니다.

파리스가 죽은 뒤 헬레네는 마음에도 없는 데이포보스와 결혼했습니다. 그와 살 바에는 어떻게든 스파르타로 돌아가고 싶었지요.

그런 생각을 해 오던 차에 오디세우스 일행을 만난 것입니다. 그녀가 그들을 도운 것은 자신이 납치되었다는 믿음을 주려는 속셈이었습니다.

그리스 진영에서는 칼카스와 헬레노스의 예언대로 전쟁을 끝낼 준비가 착착 진행되었습니다. 이제 트로이 성으로 들어갈 방법만 찾으면 되었습니다.

오디세우스는 궁리 끝에 목수 에페이오스를 불렀습니다. 그는 양가죽을 펼치며 물었습니다.

"이 설계도대로 목마를 만들 수 있겠나?"

"굉장히 크군요. 이걸로 뭘 하시려고요?"

"하하, 트로이에 선물로 주려고 하네."

오디세우스는 큰 소리로 웃었습니다.

그날부터 오디세우스는 병사들을 이데 산으로 보내 나무를 베어 왔습니다. 에페이오스는 다른 병사들과 함께 나무들을 잘라 목재로 만들었지요. 그들은 밤낮으로 일해 마침내 집채보다 큰 목마를 만들었습니다.

목마를 만드는 사람들

그리스 병사들이 사람을 몇백 명 태울 만한 크기의 어마어마한 목마를 만들고 있다.

■ 조반니 도메니코 티에폴로, 〈트로이 목마 건축〉

오디세우스가 아가멤논과 장수들을 목마 앞으로 불러 모은 뒤 단호하게 말했습니다.

"여러분, 마지막 작전을 펼칠 때입니다. 이 작전이 성공한다면 우리는 이 전쟁에서 승리하고 고향으로 돌아갈 것입니다."

오디세우스는 장수들을 둘러보며 앞으로의 작전을 차근차근 설명했습니다.

이튿날 아침, 해안을 뒤덮었던 그리스의 배들이 감쪽같이 사라졌습니다. 막사가 있던 자리에는 불타고 남은 잿더미만 여기저기 쌓여 있었지요.

그들이 떠난 자리에는 거대한 목마가 우뚝 서 있었습니다. 트로이 사람들이 목마 주위로 모여들었습니

트로이의 함락 93

다. 그중에 하나가 목마에 새겨진 글을 읽었습니다.

"아테나 여신이시여, 이 목마를 받으시고 그리스군의 안전한 귀향을 도우소서."

"그럼 그리스군이 돌아간 게 사실일까?"

"글쎄, 속임수일지도 모르지."

사람들이 한마디씩 하는데 프리아모스 왕이 장수들을 거느리고 나타났습니다. 그들도 어리둥절하기는 마찬가지였습니다. 그때 카산드라가 갑자기 몸을 떨고 두 눈을 번득이며 소리쳤습니다.

"저 목마를 불태워야 해요. 불길해, 불길하다고!"

"공주님의 예언이 옳습니다. 목마를 불태워 혹시 있을지 모를 화를 미리 없애야 합니다."

아폴론 신전의 신관 라오코온이 맞장구를 쳤습니다. 한 사람이 이를 반대하고 나섰습니다.

"안 됩니다. 신께 바친 공물에 해를 끼치면 큰 벌을 받을 것입니다. 목마를 여기 두면 망가질지도 모르니 성안으로 옮기는 게 좋겠습니다."

장수 시논이었습니다. 그는 얼마 전에 트로이로 항복해 온 그리스 장수로, 사실은 오디세우스가 보낸 첩자였습니다.

프리아모스와 장수들은 시논의 말이 옳다고 여겼습니다. 그래도 라오콘은 자신의 의견을 굽히지 않았습니다.

"왕이시여, 어찌 그리스인의 말을 믿으십니까. 그의 말에 속지 마십시오. 목마는 적들의 속임수입니다."

바로 그때, 바다에서 커다란 뱀 두 마리가 솟구치더니 목마 쪽으로 빠르게 기어 왔습니다. 사람들은 비명을 지르며 우왕좌왕했습니다.

라오콘과 아들들의 죽음
트로이의 예언자 라오콘은 목마를 성안으로 옮기는 것을 반대하다가 두 아들과 함께 뱀에 감겨 목숨을 잃었다.
■ 헬레니즘 시대, 조각.

뱀들은 곧장 라오콘과 그의 두 아들에게 달려들었습니다. 세 사람이 미처 피할 새도 없이 그들의 몸을 친친 감아 죽이고 바다로 돌아갔지요.

그 뱀들은 아테나 여신이 그리스를 돕기 위해 보낸 것입니다. 사람들은 라오콘과 그 아들들의 죽음을 신의 벌이라 믿고 두려워했습니다.

프리아모스가 병사들에게 명령을 내렸습니다.

"목마를 성안으로 옮겨라. 승리의 기념으로 삼을 것이다."

그날 밤 성안에서는 전쟁의 승리를 축하하는 잔치

트로이의 함락 97

가 열렸습니다. 사람들은 밤늦도록 먹고 마시며 십 년 만에 찾아온 평화를 기뻐했습니다. 성안에 세워진 목마가 이들의 향연을 묵묵히 바라보았습니다.

밤이 깊어지자 사람들은 술에 취해 깊은 잠에 빠졌습니다. 그때 해변에서는 횃불 하나가 타올랐습니다. 시논이 그리스군에게 보내는 신호였지요.

숨어 있던 그리스의 배들이 해변으로 시커멓게 몰

려왔습니다. 그리스 병사들은 차례차례 뭍으로 뛰어내려 트로이 성으로 다가갔습니다.

그 무렵 트로이 성안에서는 목마의 배 부분이 소리 없이 열리고 사다리가 아래로 툭 떨어졌습니다. 사람들이 그 사다리를 타고 줄줄이 땅으로 내려섰습니다. 바로 그리스 병사들이었지요.

오디세우스가 마지막으로 내려오더니 명령을 내렸습니다.

"디오메데스 자네는 성문을 열고 밖에서 들어오는 병사들을 지휘하게. 나는 왕궁을 맡겠네. 나머지 장수들은 미리 약속한 대로 움직이시오."

그리스 장수들과 병사들은 손발을 맞춘 듯 착착 움직였습니다. 오디세우스는 선봉장 네옵톨레모스와 함께 병사들을 이끌고 왕궁을 향해 달렸습니다.

디오메데스는 성문 쪽으로 달려가 보초들을 없애고 거대한 성문의 빗장을 풀었습니다.

성문이 열리자 그리스

목마를 옮기는 사람들
트로이 사람들이 앞에서 끌고 뒤에서 밀며 목마를 성안으로 옮기고 있다.
■ 조반니 도메니코 티에폴로, 〈트로이 목마를 옮기는 행렬〉

트로이의 함락

네옵톨레모스의 복수
네옵톨레모스는 트로이의 왕 프리아모스를 죽임으로써 아버지 아킬레우스의 원수를 갚았다.
■ 서기전 5세기 무렵, 항아리.

병사들이 물밀듯이 쏟아져 들어왔습니다. 그들은 성의 곳곳에 불을 지르는 한편 남자는 보이는 대로 죽이고 여자는 사로잡았습니다.

오디세우스와 네옵톨레모스는 먼저 왕의 침실로 찾아들었습니다. 네옵톨레모스가 프리아모스를 죽이고 그의 자식들은 사로잡았습니다.

카산드라는 이를 미리 알고 아테나 신전으로 도망쳤습니다. 한 장수가 그녀를 뒤쫓았습니다. 그는 아이아스와 이름이 똑같은 대신 키가 작아 '작은 아이아스'라고 불렸습니다.

카산드라가 신전 안으로 숨자 작은 아이아스도 신전 안으로 뛰어들었습니다. 작은 아이아스는 아테나 여신상에 매달려 있는 카산드라를 발견하고 그녀를 잡으려고 두 팔을 뻗었습니다. 그 순간 요란한 소리와 함께 여신상이 바닥으로 쓰러졌습니다.

오디세우스와 장수들이 뒤늦게 신전으로 찾아왔습니다. 칼카스가 성난 목소리로 소리쳤습니다.

"작은 아이아스를 처벌해야 합니다. 그렇지 않으면 우리 모두가 여신에게 큰 벌을 받을 것입니다."

장수들이 칼을 들고 작은 아이아스 곁으로 다가갔습니다. 그는 깨진 여신상을 세우고 그 뒤로 숨었습니다. 장수들은 여신상을 넘어뜨릴까 봐 하는 수 없이 카산드라만 끌고 나갔습니다.

메넬라오스는 헬레네를 찾아 궁 안을 샅샅이 뒤졌습니다. 그러다 헬레네를 데리고 도망치는 데이포보스와 마주쳤습니다. 그는 데이포보스를 단칼에 없애고 헬레네를 꼭 끌어안았습니다.

"아, 십 년이 지났어도 당신은 여전하구려."

그는 헬레네가 납치된 것이라고 굳게 믿었거든요. 그녀는 그의 품에 안긴 채 희미한 미소를 지었습니다.

아가멤논은 카산드라를 자신의 노예로 삼았습니다. 그는 네옵톨레모스에게 헥토르의 아내 안드로마케를 노예로 주었습니다. 그리스를 도운 헬레노스를 생각해 그의 어머니 헤카베는 풀어 주었습니다.

트로이 성의 불길은 며칠째 멈추지 않고 타올랐습니다. 소아시아에서 가장 강력한 나라 트로이는 그렇게 잿더미가 되어 사라졌습니다.

카산드라와 아이아스

작은 아이아스가 아테나 여신상에 매달린 카산드라를 끌어내리고 있다.

■ 서기전 4세기 무렵, 항아리.

　목숨을 건진 트로이 사람들은 성을 떠났습니다. 트로이의 왕족 아이네이아스 가족도 그 가운데 끼어 있었지요.
　아이네이아스는 몸이 아픈 아버지 앙키세스를 등에 업고 트로이를 빠져나갔습니다. 그의 가족이 목숨을 구한 건 아프로디테가 위험을 미리 알려 준 덕분이었지요.

헬레네는 메넬라오스의 배 위에서 불길에 휩싸인 트로이 성을 바라보았습니다. 뜨거운 눈물이 그녀의 볼을 타고 흘러내렸습니다. 그녀의 머릿속으로 파리스와 지낸 행복한 시간들이 스쳐 갔습니다.

아가멤논이 장수들과 병사들 앞에 섰습니다. 그는 칼과 창을 든 두 팔을 번쩍 들어 올리며 외쳤습니다.

"위대한 전사들이여, 우리가 승리했다!"

"그리스 만세!"

"만세!"

검은 연기와 함께 그리스군의 우렁찬 함성이 멀리 멀리 퍼져 나갔습니다.

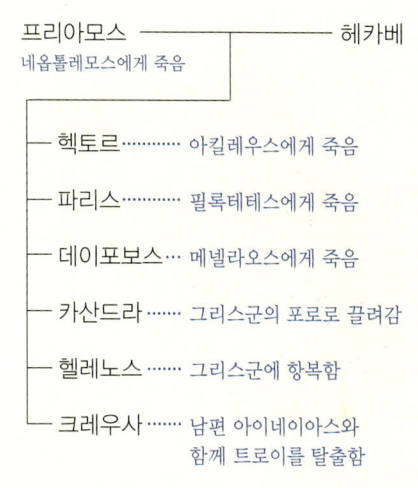

트로이 왕가의 몰락

트로이의 함락

신화 갤러리 4

트로이 전쟁은 정말 일어났을까?

트로이 전쟁은 트로이의 왕자 파리스가 스파르타의 왕비 헬레네를 몰래 데려간 것이 원인이 되어 일어났다고 전해집니다. 한 여자 때문에 전쟁이 벌어지고 그 전쟁이 무려 십 년 동안 계속되었다는 것이 과연 사실일까요?

고대 그리스 시대에 트로이는 에게 해와 흑해 사이에 위치해 해상 무역으로 경제적 번영을 누렸습니다. 따라서 그리스의 도시 국가들이 에게 해의 무역을 차지하기 위해 서로 동맹을 맺고 트로이와 전쟁을 벌였을 것으로 추측할 수 있습니다.

19세기까지만 해도 대부분의 학자들은 트로이 전쟁을 지어낸 이야기라고 생각했습니다. 독일의 고고학자 하인리히 슐리만이 트로이 유적을 찾아내면서 트로이 전쟁이 사실이라고 믿는 사람들이 늘었지요. 신화는 단순히 지어낸 이야기가 아니라 역사적 사실을 바탕으로 쓰여졌다는 주장이 설득력을 얻게 된 것입니다.

▲ 하인리히 슐리만
사업가 출신의 고고학자로 미케네 유적과 트로이 유적을 발굴했다.

▶ 불길에 휩싸인 트로이 성
그리스군이 목마 안에 타고 몰래 들어와 트로이 성에 불을 지르는 장면이다. 오른쪽에 목마가 보인다.
■ 요한 게오르그 트라우트만, 〈불타는 트로이〉

◀ 트로이 전쟁
그리스의 장수들과 트로이를 도우러 온 아마존족 여전사들이 전투를 벌이고 있다.
아마존족의 여왕인 펜테실레이아는 뛰어난 전사로 그리스의 여러 장수가 그녀의 손에 목숨을 잃었다.
■ 페터 파울 루벤스, 〈아마존족과의 전투〉

트로이를 퍼 올린 소년의 꿈

하인리히 슐리만은 독일에서 태어나 호메로스의 서사시 《일리아드》를 읽으며 자랐습니다. 그는 어른이 되면 트로이를 찾겠다는 꿈을 키웠지요.

사업에 성공한 슐리만은 트로이가 있던 지금의 터키로 달려가 발굴 작업을 시작했습니다. 터키 북부에 있는 히살리크 언덕에는 무려 아홉 개 도시의 유적이 겹겹이 쌓여 있었습니다. 그는 온갖 어려움을 이겨 내고 1870년에 마침내 트로이 것으로 보이는 유적을 찾아내는 데 성공했지요.

한 소년의 꿈과 그것을 이루겠다는 강한 의지가 신화의 세계를 실제의 사건으로 뒤바꾼 것입니다. 그 덕분에 트로이 문명은 역사의 한 자리를 차지하게 되었습니다.

▲ 트로이 목마
그리스 연합군은 거대한 목마 안에 병사들을 숨기는 꾀를 내어 트로이 전쟁에서 승리한다.
■ 서기전 7세기, 항아리.

[5 장]
신들의 분노

그리스군은 트로이를 떠날 준비가 한창입니다.

배는 트로이에서 빼앗은 보물들과 노예들로 가득하고, 병사들은 고향으로 돌아갈 생각에 하나같이 들뜬 모습이었지요.

아가멤논과 장수들은 그리스로 돌아가는 일을 의논했습니다. 메넬라오스가 먼저 말문을 열었습니다.

"각자 마음대로 떠납시다. 나는 오늘 당장 출발하겠습니다."

아가멤논이 손을 내저으며 그를 말렸습니다.

"안 돼. 그건 너무 위험하다."

"형님, 바다가 이렇게 고요한데 뭐가 문제입니까?"

"작은 아이아스가 아테나 여신의 노여움을 산 걸 잊었느냐? 여신께 제물을 바쳐 노여움이 가라앉기를 기다려야 한다."

아가멤논의 말대로 여신은 작은 아이아스는 물론이고 그를 처벌하지 않은 장수들에게도 분노했습니다. 그래서 제우스와 포세이돈에게 그리스군의 귀향을 막아 달라고 청했습니다.

제우스와 포세이돈도 그리스군이 무자비하게 살인을 저지르고 닥치는 대로 재물을 빼앗은 데 화가 나 있었습니다. 두 신은 여신의 청을 기꺼이 허락하며 그리스군에 벌을 내리기로 마음먹었습니다.

메넬라오스는 하루빨리 헬레네와 스파르타로 돌아갈 마음뿐이었습니다.

"누가 뭐래도 난 지금 떠나겠습니다. 형님과 다른 분들은 알아서 하십시오."

디오메데스와 네스토르도 메넬라오스와 뜻을 같이 했습니다. 장수들마다 주장이 엇갈렸지만 메넬라오스의 의견을 따르는 이들이 많았습니다.

디오메데스와 네스토르가 먼저 출발하고, 메넬라오스가 뒤따랐습니다. 가장 먼저 떠난 두 장수는 무사히

메넬라오스와 헬레네

메넬라오스와 헬레네가 십 년 만에 다시 만난 순간을 표현했다. 메넬라오스가 칼을 팽개치고 달려가는 모습이다.

■ 고대 그리스 시대, 항아리

작은 아이아스 동전

작은 아이아스는 로크리스 왕의 아들로 몸집은 작았지만 힘이 무척 셌다.
아테나는 작은 아이아스가 자신의 조각상을 깨뜨리자 그를 죽인 데 이어 로크리스에 질병을 퍼뜨렸다.
사람들은 아이아스로 인해 고통을 받았지만, 그를 민족 영웅으로 숭배했다.

■ 서기전 4세기 무렵, 동전.

그리스로 돌아갔습니다. 하지만 메넬라오스의 배들은 폭풍을 만나 겨우 다섯 척만 남았습니다.

메넬라오스의 배들은 하염없이 바다 위를 떠다녔습니다. 그리스에 거의 다다랐는가 하면 크레타 섬으로, 또는 이집트로 밀려났습니다. 메넬라오스 일행이 스파르타로 돌아가기까지는 무려 팔 년의 세월이 걸렸습니다.

한편 작은 아이아스는 배 안에 틀어박혀 있었습니다. 그는 장수들이 두려워 꼼짝도 하지 않았지요. 그는 메넬라오스가 떠나는 것을 보고 도망치듯 자신의 고향인 로크리스로 출발했습니다.

그의 배들은 순풍을 받으며 그리스 반도의 에우보이아 섬에 이르렀습니다. 하지만 아테나가 그를 잊을 리 없었습니다. 여신은 제우스의 힘을 빌려 그의 배에 벼락을 내렸습니다.

작은 아이아스는 냉큼 바다로 뛰어들어 해안의 바위 절벽으로 기어 올라갔습니다.

'하하, 뭍으로 나왔으니 이제 난 살았어!'

그가 기뻐하며 안심한 순간, 포세이돈이 삼지창으

로 바위를 내리쳤습니다. 바위가 쩍 갈라지면서 그는 돌밭으로 떨어져 숨을 거두었지요.

아가멤논을 제외한 나머지 장수들은 하나둘 항구를 떠났습니다. 네옵톨레모스 일행이 출발하자 테티스가 손자를 찾아왔습니다.

"얘야, 이대로 가면 안 된다. 신들이 그리스군을 노리고 있어."

여신은 네옵톨레모스의 배들을 트로이 근처의 테네도스 섬으로 이끌었습니다. 그 안에는 헬레노스와 헤카베가 타고 있었지요. 헬레노스가 일행의 앞날에 대한 신탁을 내놓았습니다.

"우리가 살길은 육로이고, 우리가 살 곳은 몰로시아입니다."

그 말에 따라 네옵톨레모스는 배를 버리고 육로로 갔습니다. 그들이 소아시아를 벗어나기 전에 늙은 헤카베가 숨을 거두었습니다. 그들은 헤카베를 묻은 뒤 좁고 긴 다르다넬스 해협을 건넜습니다.

네옵톨레모스는 몰로시아에 이르러 나라를 세우고 그곳의 왕이 되었습니다. 헬레노스도 이웃 나라의 왕이 되었지요.

몹소스
테베의 눈먼 예언자인 테이레시아스의 외손자이자 여자 예언자 만토의 아들이다. 칼카스와 예언 능력을 겨뤄 이긴 일화로 유명하다.

칼카스는 처음부터 육로로 길을 잡았습니다. 한 장수가 그에게 물었습니다.

"예언자께서는 왜 배를 버리고 멀고 험난한 육로로 가십니까?"

"뱃길은 너무 불길하오."

"그렇다면 저도 육로로 가야겠군요."

그렇게 몇몇 장수가 칼카스의 뒤를 따랐습니다. 칼카스 일행은 다르다넬스 해협으로 향했습니다.

그들은 콜로폰이라는 곳에서 몹소스라는 예언자를 만났습니다. 몹소스는 칼카스를 보고 몹시 반가워했습니다.

"위대한 예언자를 저희 집에 모시고 싶습니다."

"허허, 고맙구려."

칼카스는 몹시 기뻐하며 일행과 함께 몹소스의 집에서 묵었습니다. 몹소스는 칼카스를 만난 김에 꼭 해 보고 싶은 일이 있었습니다.

"예언자시여, 제 예언 능력이 어느 정도인지 시험해 봐도 되겠습니까?"

"좋소. 나와 한번 겨뤄 봅시다."

칼카스는 빙그레 미소 지으며 주위를 두리번거렸습

니다. 그는 작은 열매가 수없이 매달린 나무 한 그루를 가리키며 물었습니다.

"저 나무에 열린 열매가 몇 개일 것 같은가?"

몹소스는 나무를 쓰윽 훑어 보더니 대답했습니다.

"일만 개를 세고 나면 나머지가 이 바구니 안에 가득 차겠습니다. 그리고 딱 한 개가 더 남을 것 같군요."

병사들이 열매를 따서 세어 보니 과연 몹소스의 말이 딱 들어맞았습니다.

이번에는 몹소스가 돼지 우리로 가서 새끼 밴 암퇘지를 가리키며 물었습니다.

"저 암퇘지는 새끼를 몇 마리 낳겠습니까?"

"음, 여덟 마리일세."

칼카스의 대답에 몹소스가 고개를 갸웃대며 말했습니다.

"제가 보기에는 내일 수컷 아홉 마리가 태어날 것 같습니다."

칼카스는 몹소스를 가만히 바라보았습니다.

"이보게, 난 오래전에 내 앞날을 점쳐 본 적이 있다네. 나보다 뛰어난 예언자를 만나면 죽을 운명이더군. 하긴 나도 이젠 죽을 나이가 되었지, 허허허."

칼카스의 웃음소리가 쓸쓸하게 울려 퍼졌습니다.

이튿날 아침, 암퇘지는 몹소스의 말대로 수컷 아홉 마리를 낳았습니다. 자신보다 뛰어난 예언자 몹소스를 만난 칼카스는 밤새 잠든 채로 세상을 떠났지요. 둘의 예언이 모두 들어맞은 셈입니다. 장수들은 칼카스를 콜로폰에 묻고 길을 떠났습니다.

배로 출발한 장수들은 에게 해를 건너 그리스 반도

콜로폰과 테노스 섬

의 남쪽에 있는 테노스 섬에 도착했습니다. 장수들과 병사들은 고향이 코앞이라며 기뻐했지요.

그런데 제우스가 밤중에 거센 폭풍을 보냈습니다. 그 바람에 수많은 배가 가라앉고 남은 배들은 에우보이아 섬으로 밀려갔습니다.

"저기 불빛이 있다!"

병사들은 반가운 마음에 힘껏 노를 저었습니다. 그러다가 몇몇 배가 바로 앞에 가로막힌 바위 절벽에 부딪혀 산산조각이 났습니다. 신들이 절벽을 보이지 않게 가렸던 거예요.

간신히 살아남은 이들은 포세이돈이 일으킨 커다란 풍랑에 휩쓸려 지중해 곳곳으로 흩어졌습니다.

아프리카로 간 이들도 있고, 이탈리아와 이베리아 반도로 간 이들도 있었지요. 어떤 이들은 동쪽의 키프로스 섬과 이집트까지 밀려갔습니다.

낯선 땅에 닿은 이들은 대부분 그대로 머물러 살았습니다. 끝내 그리스로 향한 이들은 몇 년씩 걸린 뒤에야 겨우 고향에 닿았지요.

아가멤논은 장수들이 떠나고도 한동안 트로이에 머물며 아테나와 신들에게 제물을 바쳤습니다. 그래서

인지 그의 배들은 별 탈 없이 에게 해를 건너 펠로폰네소스 반도에 닿았습니다.

'아, 십 년 만에 고향에 돌아오다니 꿈만 같구나.'

아가멤논은 곧장 미케네로 향했습니다. 고향에 가까워질수록 그의 마음은 벅차올랐습니다.

한편 아가멤논의 아내 클리타임네스트라는 그동안 복수의 칼날을 갈았습니다. 십 년 전에 딸 이피게네이아를 제물로 바친 그에게 원한이 깊었지요.

그녀는 복수를 위해 아이기스토스라는 남자를 꾀었습니다.

"아가멤논만 죽이면 당신은 나와 결혼해 왕이 될 수 있어요."

아이기스토스는 기꺼이 이에 응했습니다. 그도 아가멤논과 마찬가지로 펠롭스의 후손입니다. 그런데 두 집안은 아가멤논의 아버지와 아이기스토스의 아버지가 다투는 바람에 서로 원수처럼 지냈습니다. 아이기스토스는 집안을 대신해 복수할 좋은 기회라고 생각했지요.

아가멤논의 귀환 행렬은 미케네 백성들의 열렬한 환호를 받았습니다. 클리타임네스트라는 애써 반가운

표정으로 그를 맞았습니다.

아가멤논을 환영하는 잔치가 늦은 밤까지 계속되었습니다. 클리타임네스트라는 지친 아가멤논을 목욕탕으로 이끌었습니다.

"따뜻한 물로 씻고 묵은 피로를 푸세요."

"집에 돌아오니 역시 좋구려."

아가멤논이 목욕탕 안으로 들어가자 클리타임네스트라는 창밖으로 신호를 보냈습니다. 그러자 아이기스토스가 도끼를 들고 방 안으로 들어와 커튼 뒤로 몸을 숨겼습니다.

아가멤논이 목욕을 마치고 나왔습니다.

"제가 옷을 입혀 드릴 테니 팔을 드세요."

클리타임네스트라가 시키는 대로 아가멤논은 두 팔을 들어 올렸습니다. 클리타임네스트라는 그에게 옷을 입히는 척하며 자루를 뒤집어씌웠습니다.

"앗, 이게 대체 뭐요?"

아가멤논이 버둥대는 틈을 타

아가멤논을 노리는 클리타임네스트라와 아이기스토스

클리타임네스트라는 아가멤논이 딸 이피게네이아를 희생 제물로 바친 데 앙심을 품었다. 클리타임네스트라가 아이기스토스와 몰래 짜고 아가멤논을 죽일 기회를 엿보고 있다.

■ 피에르 나르시스 게랭, 〈아가멤논 살해〉

아이기스토스가 그를 도끼로 내리쳤습니다. 아가멤논이 쓰러진 채 꿈틀거리자 클리타임네스트라가 도끼를 빼앗아 한 번 더 그를 공격했습니다.

아가멤논이 숨을 거둔 것을 확인한 클리타임네스트라는 카산드라를 불러들여 그녀마저 죽였습니다.

클리타임네스트라는 남편의 죽음을 병이라고 둘러댔습니다. 그녀는 장례를 치르고 아이기스토스와 결혼했습니다. 마침내 아이기스토스는 미케네의 왕위에 올랐습니다.

죽임을 당하는 아가멤논
클리타임네스트라와 아이기스토스가 힘을 합해 아가멤논을 죽이는 장면이다.
■ 고대 그리스 시대, 항아리.

아가멤논 부부에게는 딸 이피게네이아 말고도 엘렉트라와 오레스테스 남매가 있었습니다. 엘렉트라는 아버지의 죽음이 누구의 짓인지를 눈치챘습니다.

'언젠가는 저들에게 반드시 복수하고 말 테다.'

그녀는 오레스테스와 함께 왕궁을 빠져나와 아버지의 친구 스트로피오스를 찾아갔습니다. 그때부터 오레스테스는 스트로피오스의 아들 필라데스와 형제처럼 자랐습니다.

오레스테스가 청년이 되자 엘렉트라는 동생을 아버지의 무덤으로 데려갔습니다.

"오레스테스, 천하를 호령했던 아버지가 어떻게 돌

오레스테스와 엘렉트라

오레스테스와 엘렉트라 남매가 아버지 아가멤논의 복수를 다짐한다.

■ 서기전 1세기 무렵, 조각.

아가셨는지 아니?"

그녀는 아버지가 죽은 사연을 낱낱이 들려주었습니다. 오레스테스도 분노에 가득 차 복수를 다짐했습니다. 그는 그길로 신탁을 구하러 델포이로 갔습니다. 신녀는 뜻밖의 신탁을 전해 주었습니다.

"두 살인자를 죽이면 너는 왕이 될 것이다."

오레스테스는 용기를 얻고 미케네로 돌아왔습니다. 그는 적당한 때를 노려 궁 안으로 몰래 숨어들었습니다. 그러고는 잠든 클리타임네스트라와 아이기스토스를 칼로 찔렀습니다.

날이 밝자 미케네 성이 발칵 뒤집혔습니다. 오레스테스는 잡혀서 감옥에 갇혔지요. 사람들은 그의 처벌을 둘러싸고 두 편으로 나뉘어 다툼을 벌였습니다.

"오레스테스 왕자는 아버지의 원수를 갚았을 뿐입니다."

"아무리 그래도 부모를 죽인 자식은 천벌을 받아 마땅합니다."

복수의 여신 에리니에스 세 자매는 부모를 죽인 이에게는 반드시 벌을 내렸습니다. 여신들은 오레스테스의 마음속에 독을 퍼뜨렸지요. 이 때문에 그는 스스

로를 저주하며 공포와 불안에 시달렸습니다.

　미케네 사람들은 오레스테스를 아레이오스 파고스로 데려갔습니다. 그곳은 살인자를 심판하는 재판소로 아테네의 언덕 위에 있었습니다. 사람들이 그곳에서 제사를 지내며 신들에게 재판을 청했습니다.

　아테나와 아폴론, 에리니에스 세 자매가 재판소로 내려오고, 아테네 사람 열두 명이 배심원을 맡았습니다. 에리니에스 자매들 가운데 하나가 나서서 오레스테스의 처벌을 주장했습니다.

　"부모를 죽인 죄보다 더 큰 죄는 없어요. 더구나 왕비는 딸의 원수를 갚으려고 한 죄밖에는 없잖아요."

　아폴론이 이에 맞서 오레스테스의 편을 들었습니다. 그가 델포이의 신탁을 통해 오레스테스의 복수를 허락했으니까요.

　"그는 부모를 죽인 게 아니라 부모의 원수를 갚은 거요. 잔혹한 살인자들을 처벌한 게 어찌 죄가 된단 말입니까?"

　신들의 뜨거운 논쟁이 끝나고 배심원들이 투표를 했습니다. 결과는 유죄가 여섯 표, 무죄가 여섯 표였습니다. 마지막 판결은 재판장 아테나에게 맡겨졌습

에리니에스 자매의 복수
부모를 죽인 이는 복수의 여신 에리니에스 세 자매가 용서하지 않았다.
여신들은 하늘의 신인 우라노스의 피에서 태어났다. 우라노스는 아들 크로노스에게 죽음과 같은 상처를 입어 최고신의 자격을 잃었기 때문에 여신들은 부모를 죽인 자식에게 가장 무서운 복수를 했다.
복수의 여신들은 날개가 있고, 눈에서는 피가 흐르며, 머리는 뱀이 휘감긴 모습으로 표현된다.

공포에 사로잡힌 오레스테스
오레스테스가 복수의 여신이 불어넣은 공포와 불안에 사로잡힌 채 괴로워하고 있다.
■ 윌리앙 아돌프 부그로, 〈오레스테스의 후회와 복수의 여신〉

니다.

"나는 오레스테스가 정당한 복수를 했다고 생각합니다. 따라서 오레스테스는 무죄요."

오레스테스는 감옥에서 풀려났습니다. 그는 아버지의 뒤를 이어 미케네의 왕이 되었습니다.

하지만 에리니에스 자매가 그의 마음에 퍼뜨린 독은 여전히 사라지지 않았습니다. 그는 공포와 불안에 사로잡혀 고통스러운 나날을 보냈지요. 그는 견디다 못해 다시 델포이로 신탁을 받으러 갔습니다.

아폴론이 직접 모습을 나타내 말했습니다.

"저 멀리 타우로이족의 나라에 가서 나무로 만든 아르테미스 여신상을 가져오너라. 네 힘으로 그 일을 해내면 복수의 여신들도 너를 용서할 것이다."

오레스테스는 타우로이족의 나라로 떠났습니다. 그곳은 흑해 북쪽에 있었지요. 그의 친구 필라데스가 그를 돕겠다며 따라나섰습니다.

타우로이족의 나라에는 땅에서 불기둥이 솟는 곳이

있었습니다. 그 불기둥이 용암을 내뿜으며 지진을 일으키고는 했습니다.

타우로이족은 불기둥을 달래려고 신전을 세우고 아르테미스의 나무 조각상을 모셨습니다. 또한 신전에 희생 제물로 산 사람을 바쳤지요. 제물이 된 이들은 불기둥 속에 던져졌습니다.

아르테미스는 타우로이족의 그런 풍습이 못마땅했습니다. 아폴론이 이를 알고 누이의 조각상을 가져오게 한 것입니다. 이것 말고도 아폴론에게는 오레스테스를 그곳으로 보낸 까닭이 한 가지 더 있었습니다.

오레스테스와 필라데스는 타우로이족의 나라에 도착해 신전을 찾아갔습니다. 두 사람은 신전 앞을 기웃대다 그곳 병사들에게 붙잡혔습니다.

타우로이족의 왕 토아스가 두 사람을 보고 기뻐했습니다.

"하하, 마침 잘됐다. 저들을 희생 제물로 쓰면 되겠구나."

두 사람은 제단 앞에 쇠사슬로 꽁꽁 묶였습니다. 곧 신녀가 들어와 제단에 향을 피웠습니다. 신녀는 오레스테스를 힐끗 쳐다보며 물었습니다.

타우로이족
흑해 북쪽 크림 반도에 살던 부족으로, 처녀 신 아르테미스에게 이방인들 특히 그리스인들을 희생 제물로 바쳤다고 한다.

"그대는 고향이 어디인가요?"

"미케네요. 그건 왜 묻소?"

신녀는 놀란 눈으로 그를 찬찬히 바라보더니 주르륵 눈물을 흘렸습니다.

"혹시…… 네가 아가멤논 왕의 아들 오레스테스 아니냐?"

"아니, 그걸 어떻게 아시오?"

신녀는 그를 와락 껴안았습니다.

"내가 너의 누나 이피게네이아란다. 너는 아버지의 얼굴을 쏙 빼닮았구나. 널 이렇게 만나다니 하늘이 우릴 도왔다."

그리스 연합군이 트로이로 쳐들어가기 전에 그녀를 아르테미스에게 제물로 바친 일이 있었습니다. 아르테미스는 그녀의 목숨을 구해 준 뒤, 이곳으로 데려와 자신을 섬기는 신녀로 삼았습니다.

이피게네이아는 동생에게 목소리를 낮추며 말했습니다.

"내일 아르테미스 여신상을 가지고 함께 떠나자."

그녀는 두 사람에게 자신의 계획을 설명했습니다.

이튿날 병사들이 두 사람을 끌고 나가려 하자 이피

엘렉트라 콤플렉스

심리학에서 여자아이가 아버지에게 애정을 느껴 어머니를 질투하는 감정을 일컫는 말이다.
엘렉트라와 오레스테스 남매의 복수 이야기에서 유래되었다.

게네이아가 앞을 막아섰습니다.

"제물을 바치기 전에 저들을 바다로 데려가 씻겨야 겠어요."

병사들은 고개를 갸웃대며 두 사람을 바닷가로 끌고 갔습니다. 두 사람이 바닷물로 들어가자 이피게네이아가 병사들에게 말했습니다.

"불길한 기운을 탈지 모르니 저만치 떨어져서 등을 돌리고 계세요."

병사들이 등을 돌린 틈에 세 사람은 그 자리를 몰래 빠져나왔습니다. 그들은 이피게네이아가 미리 숨겨 둔 배에 올라 힘차게 노를 저었습니다. 여신상은 이미 배에 실려 있었지요.

오레스테스가 누이와 함께 미케네로 돌아오자 사람들은 깜짝 놀랐습니다. 이피게네이아가 살아 있었으니 오레스테스의 살인은 정당한 복수로 인정받아 에리니에스 자매도 그를 용서했습니다.

이것이 바로 아폴론의 또 다른 계획이었습니다. 누이의 여신상도 구하고 오레스테스의 무죄도 확고히 하려는 생각이었지요.

이피게네이아는 미케네에 아르테미스 신전을 세우

비극이 된 복수 이야기

아가멤논의 자식들을 둘러싼 복수 이야기는 고대 그리스 시대에 여러 비극 작품의 좋은 소재가 되었다.
그리스 3대 비극 시인들 가운데 아이스킬로스는 이와 관련해 〈오레스테이아〉 3부작을, 소포클레스는 〈엘렉트라〉를, 에우리피데스는 〈오레스테스〉를 남겼다.

고 나무 여신상을 모셨습니다. 그녀는 미케네에서도 계속 신녀로 살았습니다. 오레스테스의 친구 필라데스는 엘렉트라와 결혼했습니다.

오레스테스는 작은아버지 메넬라오스의 딸인 헤르미오네와 결혼했습니다.

아들이 없는 메넬라오스는 오레스테스에게 스파르타의 왕위를 물려주었습니다. 오레스테스는 미케네와 스파르타를 함께 다스리는 강력한 왕이 되었습니다.

신화 갤러리 5

▶ **여장한 아킬레우스**
아킬레우스는 전쟁에 나가지 않으려 여장을 했지만, 오디세우스의 꾀에 넘어가 여자로 꾸민 것을 잊고 칼을 집어 들었다.
■ 에라스무스 켈리누스, 〈리코메데스 딸들 속의 아킬레우스〉

▲ **아킬레우스의 죽음**
아킬레우스가 유일한 약점인 발뒤꿈치에 화살을 맞고 고통스러워하고 있다.
■ 에른스트 헤르터, 〈죽어 가는 아킬레우스〉

명장 아킬레우스와 오디세우스

전쟁의 승리 뒤에는 항상 이름난 장수가 있게 마련입니다. 트로이 전쟁에서 승리한 그리스군에는 바로 아킬레우스와 오디세우스가 있었습니다.

아킬레우스는 트로이를 두려움에 벌벌 떨게 할 만큼 용맹한 장수였습니다. 그리스군의 선봉장으로 항상 앞장서서 싸웠으며, 트로이 최고의 장수 헥토르를 죽임으로써 트로이군의 기세를 크게 떨어뜨렸습니다.

오디세우스는 뛰어난 전략가이자 사람을 설득하는 재주를 지녔습니다. 아킬레우스를 비롯해 그의 아들 네옵톨레모스를 설득해 전쟁터로 이끌고, 트로이의 보물 팔라디온을 가져왔지요. 또 목마를 만들어 그리스군이 트로이를 무너뜨리는 데 결정적인 역할을 했습니다.

놀라운 공간 활용, 그리스의 삼단노선

고대 그리스인이 만든 배는 뛰어난 설계에 힘입어 놀라운 성능을 발휘했습니다. 빠른 속도로 바다를 누비며 적의 배를 산산조각 내곤 했지요.

그리스의 군사용 배에는 뱃머리에 뾰족하고 큰 쇠붙이가 붙어 있었습니다. 뱃머리로 적의 배를 강하고 빠르게 들이받아 침몰시키는 용도로 쓰였지요. 배의 속도가 빠를수록, 방향을 잘 바꿀수록 적을 단숨에 무찌를 수 있었습니다.

그리스인들은 배의 폭을 될 수 있는 대로 좁게 설계했습니다. 그래야 방향 전환이 쉬워질 테니까요. 또 배의 속력을 높이려면 노 젓는 병사의 수가 많아야 했습니다. 이를 위해 배 안쪽을 삼 단으로 쌓음으로써 공간을 빈틈없이 활용했지요. 이렇게 입체적으로 설계된 배를 '삼단노선'이라고 불렀습니다. 삼단노선에는 노 젓는 병사 170명을 비롯해 200여 명이 탈 수 있었습니다.

▲ **고대 그리스의 배**
그리스 아테네의 아크로폴리스에서 발견되었다. 노가 삼 단으로 배치된 것이 특징이다.
■ 서기전 5세기 무렵, 돌을새김.

▲ **삼단노선을 앞에서 본 모습**
배 안쪽을 그림과 같이 삼 단으로 제작해 삼단노선이라 불렸다. 노 젓는 병사들이 많이 앉을 수 있게 공간을 활용한 그리스인들의 지혜가 놀랍다.

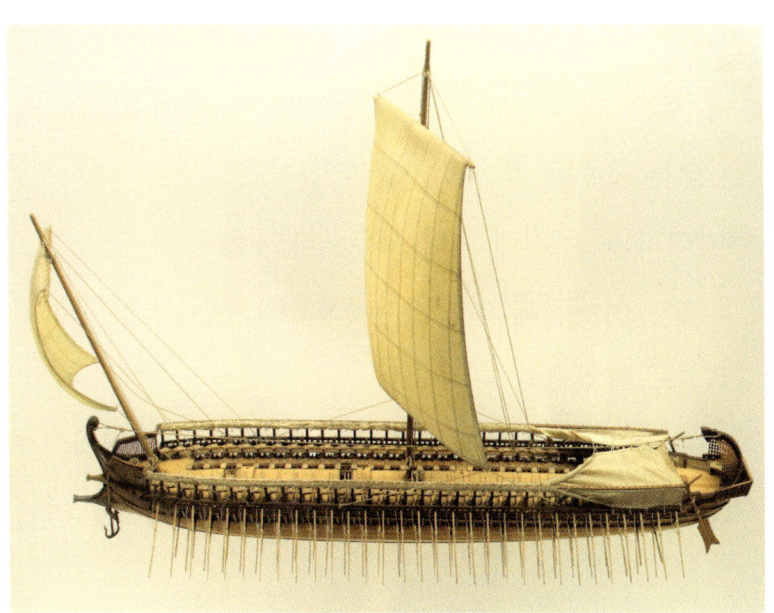

◀ **삼단노선의 모형도**
유물과 유적을 통해 삼단노선을 고증해서 그린 그림이다. 삼단노선은 서기전 5세기 무렵 아테네에서 주로 사용했다.

[6장]
오디세우스의 출항

"나도 이제 고향으로 돌아가 볼까?"

오디세우스는 트로이 해안에 세워 둔 열두 척의 배를 느긋한 마음으로 바라보았습니다.

그의 고향인 이타케 섬은 그리스 반도의 서쪽에 있어, 에게 해를 건너고도 한참을 더 가야 했습니다. 뱃길로는 장수들 가운데 가장 멀었지요.

"어차피 갈 길이 머니 서두른다고 좋을 게 없지."

그는 여행길에 여기저기 들러 물과 식량을 구하기로 마음먹었습니다.

드디어 오디세우스 일행이 항구를 떠났습니다. 오디세우스는 먼저 키코네스족이 사는 트라키아로 갔습니다. 키코네스족은 전쟁 때 트로이의 편에 서서 싸웠지요.

오디세우스 일행은 마을로 쳐들어가 닥치는 대로 양식을 모았습니다. 그 대신 아폴론 신전만은 건드리지 않았지요. 신전을 지키던 신관은 감사의 뜻으로 일행에게 포도주를 선물했습니다.

"포도주는 잘 변하지 않으니 먼 길을 가는데 비상식량으로 아주 좋을 겁니다."

신관이 준 가죽 자루들 안에는 포도주가 그득그득 들어 있었습니다. 오디세우스는 넉넉한 물과 식량을 보며 만족한 듯 말했습니다.

"곧장 이타케로 가자."

오디세우스의 배들은 그리스 반도로 향했습니다.

그날 밤부터 제우스가 보낸 거센 폭풍이 오디세우스 일행을 덮쳤습니다. 배들은 방향을 잃고 바다 위를 이리저리 떠다녔습니다.

바다가 잔잔해졌을 때, 그들은 아프리카의 해안까지 밀려나 있었습니다. 오디세우스는 병사들을 먼저 해안 가까이에 있는 마을로 보냈습니다. 그 마을에는

섬에 상륙하다

오디세우스 일행이 어느 섬에 상륙한 모습이다.
병사들이 여인에게 길을 묻는 듯하고, 바위 뒤쪽으로 일행의 배들이 보인다. 이 섬이 어디인지는 알 수 없다.

■ 서기전 1세기, 벽화.

로토파고이족이 살고 있었지요.

로토파고이족은 병사들에게 로토스라는 열매를 권했습니다. 로토스는 달콤하고 시원해 맛이 좋았지요. 그런데 로토스를 먹은 병사마다 눈빛이 이상해지더니 동료는 물론 자신이 누구인지도 잊었습니다. 로토스는 기억을 잊게 하는 마법의 열매였지요.

병사들에게 소식이 없자 오디세우스는 나머지 병사들을 이끌고 마을로 갔습니다. 그는 기억을 잃은 병사들을 가리키며 소리쳤습니다.

"저들을 묶어 배로 데려가라. 열매에는 절대로 손대지 마라."

오디세우스는 손발이 묶인 병사들을 억지로 배에 태우고 서둘러 그곳을 떠났습니다.

이번에는 이탈리아 반도의 한 섬에 이르렀습니다. 하지만 방향을 잃은 지 오래되어 그곳이 어디인지 알 수 없었지요.

오디세우스는 열두 병사만 데리고 섬 안으로 들어갔습니다. 그들은 해변 근처에서 거대한 동굴을 발견했습니다. 동굴 안은 사람이 사는 듯 방과 부엌이 나뉘어 있고, 한쪽에는 가축우리가 있었습니다.

"집주인에게는 미안하지만 배부터 채우자."

오디세우스는 가축우리에 있던 새끼 양을 한 마리 잡고 배에서 포도주 자루를 가져왔습니다. 오디세우스 일행이 한바탕 고기와 술을 먹고 있을 때였습니다.

"웬 놈들이냐?"

어마어마한 거인이 소리를 꽥 지르며 동굴 안으로 들어섰습니다.

거인은 이마 한가운데 눈이 하나뿐인 괴물 외눈박이 키클롭스였습니다. 키클롭스 중에도 포세이돈과 요정 토오사의 아들인 폴리페모스였지요.

병사들이 무기를 집어 드는데 오디세우스가 막으며 말했습니다.

"우리는 풍랑을 만나 여기까지 왔소. 배가 고파 무례를 저질렀으니 용서하시오."

폴리페모스는 그의 말을 듣는 둥 마는 둥 하며 음산한 미소를 지었습니다.

"흐흐흐, 오래간만에 양고기 말고 다른 고기를 맛보겠군."

폴리페모스는 말을 마치자마자 한 병사를 번쩍 들어 올리더니 머리부터 우적우

폴리페모스

외눈박이 거인 키클롭스 가운데 하나. 포세이돈과 요정 토오사의 아들이다. 동물과 사람을 가리지 않고 잡아먹었다.
이 그림에서는 폴리페모스가 오디세우스에 의해 눈이 멀기 전에 바다의 요정 갈라테이아를 짝사랑하는 장면을 표현했다.

■ 오딜롱 르동, 〈키클롭스〉

적 씹어 먹었습니다.

그는 오디세우스 일행과 들판에서 데려온 양들을 한 우리 안에 가두었습니다. 그러고는 커다란 바위를 굴려 오더니 동굴 입구를 막았습니다.

밤이 깊어지자 오디세우스와 병사들은 살금살금 동굴 입구로 다가갔습니다. 그들이 온 힘을 다해 바위를 밀었지만 바위는 꿈쩍도 하지 않았지요.

다음 날 아침 일찍 폴리페모스가 우리로 다가와 잠든 병사 둘을 집어 들었습니다. 병사들이 발버둥 치자 그는 병사들을 벽으로 던져 기절시킨 뒤, 한입에 삼켰습니다.

폴리페모스는 커다란 그릇에 양들의 젖을 짜서 단숨에 마셨습니다. 그는 입구를 막은 바위를 가볍게 치우고 양 떼를 몰고 나가더니 다시 입구를 막았습니다.

오디세우스가 한숨을 내쉬었습니다.

"어휴, 저놈의 입속으로 들어가기 전에 무슨 수를 내야 할 텐데……."

그는 동굴 안을 이리저리 서성이며 궁리를 했습니다. 순간 그의 눈에 통나무 울타리가 들어왔습니다.

"바로 저거야!"

그는 병사들을 시켜 가장 큰 통나무를 뽑아 끝을 뾰족하게 깎고는 굴 안쪽에 숨겼습니다.

날이 저물자 폴리페모스가 양 떼를 몰고 돌아왔습니다. 그는 어김없이 병사 둘을 잡아먹었습니다. 그가 방 쪽으로 휘적휘적 걸어가는데 오디세우스가 그를 불러 세웠습니다.

"이보오. 양의 젖보다 달콤한 이 포도주를 좀 맛보시오."

폴리페모스가 다가와 오디세우스를 우리 밖으로 끄집어냈습니다.

"맛이 없으면 너부터 잡아먹겠다."

오디세우스는 포도주 자루를 가져다가 그릇에 가득 부었습니다. 폴리페모스는 포도주를 꿀꺽꿀꺽 삼키더니 기분 좋은 표정을 지었습니다.

"크으, 맛이 참 좋구나. 네 이름이 무엇이냐?"

"우티스라고 하오."

"내게 선물을 주었으니 너를 맨 마지막에 잡아먹도록 하마."

"고맙소. 포도주가 많으니 더 드시오."

폴리페모스는 포도주를 다 마시고 코를 골며 잠들

오디세우스의 반격
오디세우스와 병사들이 잠든 폴리페모스의 외눈을 찌르고 있다.
■ 고대 그리스 시대, 항아리.

었습니다.

오디세우스가 병사들에게 손짓을 보냈습니다. 병사들은 화덕에 불을 피워 뾰쪽하게 깎은 통나무 끝을 태웠습니다. 그들은 불붙은 통나무로 폴리페모스의 외눈을 냅다 찔렀습니다.

"으아아악!"

폴리페모스는 비명을 지르며 미친 듯이 날뛰었습니다. 그는 입구로 기어가 바위를 밀어내고 소리를 꽥꽥 질렀습니다. 그러자 키클롭스들이 하나둘 모여들었습니다.

"무슨 일이야? 누가 널 괴롭힌 거야?"

"우티스! 우티스!"

폴리페모스는 정신없이 우티스라고 외쳤습니다. 우티스는 '아무도 아니야.'라는 뜻이었지요. 키클롭스들이 고개를 갸웃거렸습니다.

"아무도 아니라고? 에이, 괜히 왔군."

키클롭스들은 투덜거리며 돌아갔습니다. 폴리페모스는 입구를 바위로 다시 막고 그 앞에 앉아 밤새 고통스러워했습니다.

날이 밝자 그는 바위를 치웠습니다. 양들이 우르르

동굴 밖으로 몰려 나갔습니다. 폴리페모스는 양들의 등을 일일이 손으로 더듬어 확인했습니다.

오디세우스와 병사들은 꾀를 내어 양의 배에 매달렸습니다. 그들은 그렇게 동굴 밖으로 빠져나와 양 떼를 몰고 도망쳤지요. 오디세우스가 배를 출발시키며 소리쳤습니다.

"눈먼 괴물아, 우리가 네 양들을 가져간다!"

폴리페모스가 그 소리를 듣고 동료들을 불렀습니다. 키클롭스들이 달려와 바위를 내던졌습니다. 바위들이 바다로 떨어지며 엄청난 물결을 일으켰지요. 오디세우스 일행은 힘차게 노를 저어 그곳을 무사히 벗어났습니다.

폴리페모스는 약이 바짝 올라 포세이돈에게 애원했습니다.

"아버지, 제 눈을 멀게 한 놈들을 벌해 주십시오."

포세이돈이 이 기도에 응답했습니다.

"염려 마라. 그들은 고향에 편히 돌아가지 못할 것이다."

그의 목소리에는 노여움이 배어 있었습니다.

오디세우스 일행은 다시 정처 없이 떠돌았습니다.

그들은 이탈리아 반도의 서쪽에서 남쪽으로 갔습니다. 물도 식량도 없어 양의 젖을 마시고 양고기를 날로 먹었습니다.

그러던 어느 날, 오디세우스 일행은 아이올리아 섬에 닿았습니다. 그곳을 다스리는 아이올로스 왕이 일행을 반겼습니다.

"트로이 전쟁의 영웅이 우리 섬에 온 걸 환영하오."

아이올로스는 오디세우스 일행을 극진히 대접했습니다. 오디세우스와 병사들은 오랜만에 푹 쉬면서 지친 몸을 회복했습니다. 그동안 아이올로스에게 물어 이타케로 가는 뱃길도 익혔지요.

오디세우스가 떠날 때 아이올로스는 물과 식량을 가득 실어 주었습니다. 또 그는 오디세우스에게 쇠가죽 자루를 건네며 말했습니다.

"이 자루는 역풍을 빨아들이지요. 이걸 돛에 달면 순풍만 불어 안전하게 항해할 수 있소. 그러니 자루를 열지 않도록 주의하오."

"감사합니다. 참으로 많은 신세를 졌습니다."

오디세우스는 아이올로스에게 인사하며 항구를 출발했습니다. 배들은 부드러운 서풍을 받으며 동쪽으

아이올로스와 오디세우스

아이올로스는 세상의 바람을 다스리는 신이다. 아이올리아 섬의 한 동굴에 바람을 가둬 두었다가 신들의 명에 따라 이리저리 내보낸다.
아이올로스는 오디세우스의 귀향을 돕기 위해 역풍을 빨아들이는 자루를 선물한다.

■ 알레산드로 알로리, 〈오디세우스에게 바람을 주는 아이올로스〉

로 나아가 며칠 만에 이타케 섬 가까이에 이르렀지요.

'아, 이게 얼마 만인가! 페넬로페는 얼마나 애태우고 있을까. 텔레마코스는 많이 컸을까?'

오디세우스는 고향 생각을 하다가 깜박 잠이 들었습니다. 그 사이 병사들은 돛에 매달린 자루를 올려다보며 한마디씩 했습니다.

"저 자루 속에 대체 뭐가 들어 있을까?"

"꽁꽁 싸맨 걸 보니 귀한 보물이 들어 있는 게 분명해! 어디 살짝 열어 볼까?"

병사들이 궁금증을 참지 못하고 자루를 풀었습니다. 그 순간 배들은 역풍에 휩쓸려, 왔던 길로 되돌아갔습니다. 자루 안에 갇혀 있던 역풍이 한꺼번에 빠져 나왔으니까요.

배들은 거꾸로 아이올리아 섬을 지나고 키클롭스족의 땅도 지났습니다. 어느 해안에 겨우 도착해 닻을 내렸지요. 오디세우스는 병사 다섯 명을 뽑아 육지를 살피러 보냈습니다.

그곳에는 식인종인 라이스트리고네스족이 살았습니다. 얼마 지나지 않아 병사 네 명이 식인종들에게 쫓겨 왔습니다. 한 병사는 벌써 잡혀 먹힌 뒤였지요.

식인종들은 화살을 쏘고 바위를 굴리며 공격했습니다. 병사들은 배에 미처 이르지 못한 채 모두 목숨을 잃었습니다.

"어서 배를 바다로 띄워라!"

오디세우스는 얼른 칼을 뽑아 배를 묶은 밧줄을 끊었습니다. 오디세우스가 탄 배는 무사히 빠져나왔지만 다른 배들은 굴러 온 바위에 맞아 차례로 부서졌습니다. 이제 병사들은 오십 명도 채 남지 않았지요.

어느 날 아침 병사들이 깨어났을 때, 배는 어떤 섬의 해안에 닿아 있었습니다. 어느 누구도 선뜻 뭍으로 내리려 하지 않자 오디세우스가 명령을 내렸습니다.

"물과 식량을 구하지 못하면 우리 모두 죽는다. 제비에 뽑힌 조가 섬을 살피고 다른 조는 배를 지킨다."

제비에 뽑힌 병사들은 시무룩한 표정으로 섬을 향해 떠났습니다.

섬 한가운데에는 큰 궁전이 있었습니다. 그런데 사

라이스트리고네스족

사람을 잡아먹는 식인 종족이다. 이들은 오디세우스 일행을 공격해 배 열두 척 가운데 열한 척을 부쉈다. 오디세우스 일행은 배 한 척만 건지고 간신히 도망쳤다.

마녀 키르케
태양신 헬리오스와 오케아노스의 딸 페르세이스 사이에서 태어났다. 마법이나 저주를 내리는 능력이 있다.
조카인 메데이아가 동생을 죽인 죄를 용서받기 위해 그녀를 찾아오자 신들에게 바치는 제사를 지내 주기도 했다.
■ 존 워터하우스, 〈질투하는 키르케〉

람은 보이지 않고 정원에 맹수들만 어슬렁거렸지요. 병사들은 감히 들어갈 엄두를 내지 못했습니다.

그때 궁 안에서 아름다운 여자가 나왔습니다.

"호호, 두려워하지 말아요. 제 동물들은 모두 순하답니다."

그녀는 사자며 늑대를 강아지 다루듯 쓰다듬으며 귀여워했습니다.

그녀는 태양신인 헬리오스의 딸 키르케로 그곳 아이아이 섬의 주인입니다. 키르케는 마법을 써서 섬에 침입한 이들을 짐승으로 만들었지요.

그녀는 미소를 띠우며 달콤한 말로 병사들을 꾀었습니다.

"지친 여러분께 음식을 대접하고 싶으니 어서 들어오세요."

오랫동안 굶주린 병사들은 망설임 없이 그녀를 따라갔습니다. 오직 한 병사만 그녀를 수상하게 여기고 숲으로 몸을 숨겼지요.

키르케는 병사들에게 먹음직스러운 음식들과 마법의 약을 탄 포도주를 내놓았습니다. 병사들은 마파람에 게 눈 감추듯 그릇들을 뚝딱 비우고 포도주를 마셨습니다.

순간 키르케가 지팡이로 그들을 툭툭 건드렸습니다. 그러자 그들은 모두 돼지로 변했습니다.

"건방진 것들! 이 섬이 어디라고 함부로 들어온단 말이냐?"

키르케는 돼지들을 가축우리로 몰아넣었습니다. 이를 지켜본 병사가 배로 달려갔습니다. 오디세우스는 병사의 말을 듣고 뭍으로 내려섰습니다.

"날이 저물 때까지 내가 돌아오지 않거든 너희는 이 섬을 떠나라."

"저희도 따르겠습니다."

"명령이니 다들 배를 지켜라!"

그는 홀로 키르케의 궁으로 갔습니다. 이 모습을 헤르메스가 하늘에서 내려다보았습니다.

'트로이 전쟁의 영웅을 짐승이 되게 할 수는 없지.'

그는 오디세우스의 앞에 모습을 나타냈습니다.

"돼지가 되지 않으려거든 이걸 먹어라."

헤르메스는 뿌리가 검고 흰 꽃이 핀 몰리라는 약초를 주고 사라졌습니다. 오디세우스는 그 약초를 통째로 씹어 삼켰습니다.

키르케는 오디세우스를 보고 반갑게 맞았습니다.

'이런 멋진 남자를 돼지로 만들기는 아까운걸.'

그녀는 아쉬워하면서도 그를 병사들과 똑같이 대접했습니다.

"당신은 왜 혼자세요?"

"풍랑을 만나 나만 살아남았소."

오디세우스는 태연하게 음식을 먹고 포도주 잔을 비웠습니다. 키르케가 지팡이로 그의 어깨를 슬쩍 건드렸습니다. 그런데 그는 돼지로 변하기는커녕 벌떡 일어나더니 그녀의 목에 칼을 들이댔습니다.

"허튼 짓 마라. 내 병사들은 어디 있느냐?"

"제, 제발 살려 주세요. 병사들은 원래대로 돌려놓을게요."

키르케는 오디세우스를 우리로 데려갔습니다. 그녀가 주문을 외우며 돼지들을 지팡이로 건드리자 병사들이 하나씩 제 모습으로 돌아왔습니다.

키르케의 궁에서 오디세우스와 병사들을 위한 잔치

오디세우스의 귀향길 1
-트로이에서 아이아이 섬까지

① 키코네스족이 사는 곳
② 로토파고이족이 사는 곳
③ 키클롭스들이 사는 섬
④ 아이올로스가 다스리는 섬
⑤ 라이스트리고네스족이 사는 섬
⑥ 키르케의 섬

가 벌어졌습니다. 키르케는 마법을 부려 향기롭고 맛좋은 음식들을 순식간에 만들었습니다.

아이아이 섬은 모든 것이 풍족했습니다. 키르케가 오디세우스에게 반해서 병사들을 정성껏 보살펴 주었으니까요.

키르케와 오디세우스는 부부처럼 살았습니다. 그렇게 일 년이 흘러갔습니다.

오디세우스 일행은 떠날 준비를 했습니다. 배를 고치고 물과 식량을 옮겨 실었지요. 키르케가 오디세우스를 붙들었습니다.

"뱃길은 너무 위험해요. 이대로는 살아서 돌아가기 힘들 거예요. 테이레시아스에게 예언을 받아 보세요."

"그는 벌써 죽지 않았소."

"지하 세계로 가서 그의 영혼을 만나면 돼요. 지하 세계로 가는 길은 멀지만 안전하니, 이타케로 가다가 죽지 말고 부디 제 말을 들으세요."

그녀의 청이 하도 간절해 오디세우스는 따르기로 했습니다. 그녀가 지하 세계로 가는 길과 할 일들을 일러 주었습니다.

오디세우스는 병사들을 섬에 남겨 두고 혼자서 배를 타고 떠났습니다. 키르케는 지하 세계에서 희생 제물로 쓸 검은 새끼 암양들을 실어 주었지요. 배는 지하 세계로 이어지는 큰 바다를 향해 서쪽으로 나아갔습니다.

신화 갤러리 6

▶ 오디세우스의 모험
오디세우스는 《오디세이》의 주인공으로 고향으로 돌아가기까지 수많은 고난을 겪는다.
그림은 오디세우스가 세이렌들의 유혹에 빠지지 않기 위해 돛대에 묶인 모습이다.
■ 허버트 제임스 드레이퍼, 〈세이렌 자매의 섬을 지나가는 오디세우스 일행〉

▼ 유랑하는 장님 시인
전설에 따르면 그리스 시인 호메로스는 앞을 보지 못했으며, 여기저기 떠돌며 사람들이 모인 곳에서 서사시를 읊어 주었다고 한다.
■ 윌리앙 아돌프 부그로, 〈호메로스와 그의 안내자〉

서양 문학의 걸작, 《일리아드》와 《오디세이》

장편 서사시 《일리아드》와 《오디세이》는 세계 문학사상 최고의 걸작 가운데 하나로 손꼽힙니다. 서기전 8세기 무렵, 고대 그리스의 시인 호메로스가 몇 백 년 동안 입에서 입으로 전해지던 옛이야기를 서사시로 정리한 것이지요.

《일리아드》는 트로이의 별칭인 일리오스의 이야기라는 뜻입니다. 그리스군이 트로이군과 싸운 십 년 중 마지막 해 오십 일의 이야기로, 아킬레우스와 아가멤논의 다툼부터 트로이군의 총사령관 헥토르의 죽음까지 다루고 있습니다.

《오디세이》는 '오디세우스의 노래'라는 뜻입니다. 오디세우스가 고향 이타카로 돌아가기까지 십 년 동안 겪은 모험담과 아내 페넬로페를 괴롭히던 구혼자들에 대한 복수담을 전하고 있습니다.
《일리아드》와 《오디세이》는 바로 눈앞에서 벌어지는 듯한 생생한 묘사로 오랫동안 많은 사람의 사랑을 받았습니다. 후대의 서양 문학에도 큰 영향을 주었으며, 지금까지 그리스 학생들의 문학 교재로 활용되고 있습니다.

두 작품은 트로이 전쟁의 영웅들을 주인공으로 다루고 있지만 전쟁을 돕거나 방해한 신들의 이야기까지 담고 있어 그리스 로마 신화의 빼놓을 수 없는 원전이 되고 있습니다.

▲ 《일리아드》
5세기 말에서 6세기 초 무렵의 《일리아드》 원고이다. 그리스어로 쓰여졌으며, 트로이 전투 장면이 그려져 있다.

▲ 시인 호메로스
호메로스는 그리스에서 가장 오래된 서사시 《일리아드》와 《오디세이》를 썼다.
■ 서기전 8세기, 조각.

> 제우스가 이르기를, 여기 네가 붙잡고 있는 자는
> 아홉 해에 걸쳐 프리아모스의 도시를 공격하고
> 도시가 함락된 뒤 열 번째 해에 그곳을 떠난 용사들,
> 그중에서 가장 불운에 빠진 자이니라.
> 그곳을 떠나면서 아테나의 비위를 거슬렀으니,
> 신의 역풍과 거친 파도로 그의 항해를 가로막았고,
> 그의 용감한 벗들이 그때 목숨을 잃었으니,
> 그만은 풍랑과 폭풍이 이곳으로 실어 왔느니라.
> 제우스가 명령하노니, 지체 없이 그를 풀어 주라.
> 모든 벗들과 멀리 떨어진 이곳에서
> 목숨을 잃는 것이 그의 운명이 아니며,
> 자기 궁전과 자기 나라에 돌아가
> 그들과 다시 만나는 것이 그의 운명이니라.
> 　　　　　　　　　　　　- 《오디세이》 중에서

[7장]
고난의 항로

오디세우스의 배는 지하 세계로 이어지는 스틱스 강으로 들어섰습니다. 그는 비탄의 들에서 새끼 암양들을 잡아 하데스에게 제물로 바쳤습니다.

그가 암양들의 피를 그릇에 받자 영혼들이 냄새를 맡고 몰려들었습니다. 암양의 피는 영혼들이 가장 좋아하는 음료였거든요.

오디세우스는 영혼들 가운데 테이레시아스를 찾아 그릇을 건넸습니다.

"예언자여, 제 운명을 알고자 찾아왔습니다."

테이레시아스는 말없이 피를 마셨습니다. 그러고는 만족스러운 얼굴로 말했습니다.

"트리나키아 섬에 가거든 그곳의 소들을 해치지 마시오. 소를 해치는 자는 반드시 죽게 되오. 그 섬에서 살아난다면 그대는 남의 배를 얻어 타고 고향에 돌아가게 될 것이오. 그대의 집은 난폭한 무리들이 차지하고 있으니, 그대는 그들에게 복수를 해야 할 것이오."

"난폭한 무리가 내 집을 차지하다니 그게 무슨 말씀입니까?"

오디세우스가 놀라서 묻는데 한 늙은 여자가 끼어들었습니다.

"페넬로페의 구혼자들이 행패를 부리고 있단다."

오디세우스가 고개를 돌리니 어머니 안티클레이아가 서 있었습니다. 그녀는 오디세우스가 이타케를 떠날 때까지만 해도 살아 있었습니다.

"아니, 어머니께서 왜 여기 계십니까?"

그는 눈물을 글썽이며 어머니의 손을 붙들었습니다. 영혼은 몸이 없기에 그의 손엔 아무 것도 잡히지 않았습니다.

"아들아, 나는 널 기다리다 지쳐서 스스로 목숨을 끊었단다. 이렇게 너를 만나니 정말 기쁘구나."

그녀는 슬픈 눈으로 미소를 지었습니다.

오디세우스는 죽은 그리스 장수들도 만났습니다. 그중에 아가멤논도 있었지요.

"그대는 나처럼 되지 않도록 조심하시오."

오디세우스는 영혼들과 작별하고 왔던 길로 되돌아 나왔습니다.

그는 아이아이 섬으로 돌아와 병사들을 배에 태웠습니다. 키르케는 뱃길에서 조심할 곳들을 소상히 일러 주었습니다.

"잘 지내시오. 당신을 잊지 못할 거요."

오디세우스는 키르케에게 큰 고마움을 느꼈습니다. 그가 떠난 뒤 키르케는 그의 아들 텔레고노스를 낳았습니다.

오디세우스의 배는 이탈리아 반도의 남쪽으로 향했습니다. 배는 바람을 타고 세이렌들의 섬 부근에 이르렀지요.

세이렌들은 키타라와 피리를 연주하고 노래를 부르며 사람들을 꾀었습니다. 세이렌들의 목소리에는 사람을 유혹해 정신을 차리지 못하게 하는 힘이 있었습니다. 뱃사람들이 그녀들의 목소

세이렌의 유혹

세이렌은 여자의 얼굴과 새의 몸을 가진 괴물이다. 이탈리아 반도와 시칠리아 섬 사이의 바위섬에 산다.
노랫소리로 뱃사람을 유혹해 배를 침몰시킨다. 영어 사이렌(Siren)은 위험에 대한 신호·경보 등을 나타내는데, 이는 세이렌(Seiren)에서 비롯된 말이다.

■ 존 워터하우스, 〈세이렌〉

리에 이끌려 섬 쪽으로 다가가면 배가 어김없이 암초에 부딪혀 산산조각이 났지요.

섬의 해안가에는 사람의 뼈가 산더미처럼 쌓여 있었습니다. 오디세우스는 키르케의 당부를 떠올리며 병사들에게 명령했습니다.

"모두들 준비한 밀랍으로 귀를 막고 나를 돛대에 묶어라. 저 섬을 벗어날 때까지 무슨 일이 있어도 나를 풀어 주면 안 된다. 너희는 힘껏 노를 저어라."

배가 섬 가까이로 가자 과연 세이렌들의 연주와 노랫소리가 들렸습니다. 그 소리는 너무도 아름다워 오디세우스의 마음을 사로잡았습니다. 그는 그녀들에게 다가가고 싶어 견딜 수가 없었습니다.

"날 풀어라. 배를 섬으로 대라."

그가 큰 소리로 외쳤지만 병사들은 듣지 못한 채 부지런히 노를 저었습니다. 그는 미칠 것 같았습니다.

"아까 내린 명령은 취소다. 나를 풀어 주지 않으면 용서치 않을 테다."

그가 고래고래 고함을 질렀지만 병사들은 대꾸조차 하지 않았습니다. 세이렌들은 오디세우스를 보자 더욱 간절하게 노래를 불렀습니다. 그래도 배가 다른 곳으로 가자 그녀들은 분을 참지 못해 바다에 몸을 던져 죽었습니다.

세이렌들의 섬을 통과한 배는 곧 좁은 해협으로 들어섰습니다. 이탈리아 반도와 시칠리아 섬 사이에 가로놓인 메시나 해협이지요. 그곳에는 세이렌들과는 비교도 할 수 없이 큰 위험이 도사리고 있었습니다.

해협 양쪽은 바위 절벽이었습니다. 한쪽에는 여자 괴물 스킬라가 살았고, 다른 쪽에는 카립디스라 부르는 소용돌이가 있었습니다.

스킬라는 머리와 윗몸은 사람이지만 몸통은 괴물의 모습이었습니다. 허리에는 개의 머리 여섯 개가 달려 있고, 다리는 열두 개였습니다. 스킬라는 해협을 지나는 뱃사람들을 마구 잡아먹었습니다.

카립디스의 소용돌이는 하루에 세 번씩 바닷물을 빨아들였다가 토해 냈습니다. 아무리 큰 배라도 그 소용돌이에 휩쓸리면 몇 시간 뒤에 산산조각이 되어 떠올랐습니다.

오디세우스는 어느 쪽으로 지나갈지 망설였습니다. 어느 쪽으로 가든

괴물 스킬라

스킬라는 원래 아름다운 바다 요정이었다. 바다의 신 글라우코스를 놓고 키르케와 겨루다가 키르케가 독약을 풀어 놓은 바다에서 목욕을 한 뒤로 흉측한 괴물이 되었다.
테라코타는 점토를 구워 만든 작품을 뜻한다.
■ 서기전 5세기, 테라코타 돋을새김.

고난의 항로

> **스킬라와 카립디스 사이**
> 이러지도 저러지도 못하는 곤란한 상황을 일컫는다. 오디세우스가 괴물 스킬라에게 병사 몇 명을 잃을 것인가, 카립디스의 소용돌이에 몰살당할 것인가를 놓고 고민한 데서 생겨난 말이다.

위험하기는 마찬가지였지요. 그는 키르케의 말을 떠올렸습니다.

"당신은 모두가 죽을지, 아니면 몇 사람만 죽을지를 선택해야 해요."

오디세우스는 모두가 죽는 위험을 피하기로 결정했습니다.

"키잡이만 빼고 모두 눈을 감는다. 배를 남쪽으로 바싹 붙이고 해협을 통과할 때까지 구령에 맞춰 전속력으로 달려라. 자, 하나 둘, 하나 둘!"

배가 힘차게 나아갔습니다. 병사들은 눈을 꼭 감고 온 힘을 다해 노를 저었지요.

배가 바위 절벽을 막 지나칠 때 스킬라가 몸을 늘이며 앞으로 불쑥 튀어나왔습니다. 그녀의 양손은 순식간에 병사들을 낚아채고, 허리에 달린 개의 머리는 병사들을 물어뜯었습니다. 여기저기서 비명 소리가 터져 나왔습니다.

"모두 눈을 뜨지 마라. 하나 둘, 하나 둘!"

오디세우스는 목이 터져라 구령을 외쳤습니다.

그곳을 지나면서 병사 여섯 명이 희생되었습니다. 그래도 오디세우스는 안도의 숨을 내쉬었습니다. 키

오디세우스의 귀향길 2
-아이아이 섬에서 이타케 섬까지

⑦ 스틱스 강이 흐르는 곳
⑧ 세이렌들의 섬
⑨ 스킬라와 카립디스의 소용돌이가 있는 해협
⑩ 태양신 헬리오스의 섬
⑪ 바다의 여신 칼립소가 사는 섬
⑫ 파이아케스인들의 나라

르케가 경고한 위험에서 벗어났으니까요.

해협을 지나자 트리나키아 섬이 나왔습니다. 오디세우스는 테이레시아스의 예언을 떠올리며 그냥 지나치려고 했지요. 하지만 노를 젓느라 지친 병사들의 불만이 하늘을 찔렀습니다.

"그럼 하룻밤만 쉬었다 가자. 섬에 있는 소들은 절대 건드리면 안 된다."

오디세우스는 병사들에게 단단히 주의를 주고 배에서 내렸습니다.

산자락에서 소들이 한가롭게 풀을 뜯었습니다. 이곳의 소들은 모두 헬리오스가 아끼는 것이었지요. 일행은 해변의 동굴에 잠자리를 마련했습니다.

고난의 항로 163

그런데 하필 그날 밤부터 폭풍이 불어와 한 달 동안 그치지 않았습니다. 굶주림에 시달린 병사들이 밤마다 오디세우스 몰래 소를 잡아먹었습니다.

이에 분노한 헬리오스가 제우스를 찾아갔습니다.

"신을 업신여기는 저들에게 무거운 벌을 내려 주십시오."

제우스는 그의 청을 받아들였습니다.

오디세우스 일행은 폭풍이 그치는 대로 출발했습니다. 그런데 배가 섬에서 벗어나자마자 갑자기 역풍이 몰아쳤습니다. 병사들이 다시 섬을 향해 노를 젓는데 이번에는 벼락이 떨어졌습니다.

그 바람에 배가 우지끈 쪼개지며 힘겹게 지나온 메시나 해협으로 떠밀렸습니다. 오디세우스와 병사들은 부러진 돛대와 배의 조각들을 잡고 버텼습니다.

바로 코앞에서 카립디스의 소용돌이가 휘몰아쳤습니다. 병사들이 차례로 소용돌이 속으로 휩쓸려 들어갔습니다.

"신들이시여, 제가 여기서 정녕 죽는 것입니까?"

오디세우스가 하늘을 향해 외쳤습니다. 순간 그의 눈에 해변에서 바다 위로 뻗어 나온 나뭇가지가 보였

습니다. 그는 손을 뻗어 나뭇가지를 간신히 붙잡았지요. 돛대가 순식간에 소용돌이 속으로 사라졌습니다.

그는 나무를 잡고 이를 악물며 버텼습니다. 그렇게 한나절이 지나자 카립디스의 소용돌이는 바닷물을 토해 냈습니다.

그날 오디세우스는 배와 병사들을 모두 잃었습니다. 테이레시아스의 예언이 정확하게 맞아떨어진 셈이었지요. 헬리오스의 소를 먹지 않은 그만 살아남았으니까요.

오디세우스는 돛대에 실려 바다를 떠돌다가 오기기아 섬에 도착했습니다. 그 섬에는 칼립소라는 바다의 여신이 살았습니다.

칼립소는 해변에 쓰러져 있는 오디세우스를 발견하고 집으로 데려가서 정성껏 간호했습니다. 오디세우스는 며칠 만에 겨우 정신을 차렸습니다.

오기기아 섬에는 꽃이 만발하고 향기로운 과일과 몸에 좋은 약초가 넘쳐 났습니다. 칼립소는 오디세우스와 영원히 함께 살고 싶었습니다.

"이 섬에서 나와 함께 행복하게 지내요."

모든 것을 잃은 오디세우스에게는 다른 선택의 여지가 없었습니다. 그는 칼립소와 부부가 되어 살았습니다. 그렇게 여러 해가 흘렀지요.

어느 날 오디세우스는 바닷가를 걷다가 부러진 돛대를 발견했습니다. 그가 섬까지 붙들고 왔던 돛대였

칼립소와 오디세우스
칼립소는 오기기아 섬에 사는 바다의 여신으로 티탄족 아틀라스의 딸이다.
오디세우스에게 반해 그와 칠 년 동안 부부로 살았다.
■ 헤라르트 드 라이레서, 〈칼립소와 오디세우스〉

지요. 그는 문득 고향 생각에 사로잡혔습니다.

"페넬로페, 당신이 너무도 보고 싶구려."

그는 뜨거운 눈물을 흘리며 먼 바다를 바라보았습니다. 그날부터 그는 틈만 나면 바닷가를 서성이며 눈물지었습니다.

그 모습을 제우스가 보았습니다.

'내가 오디세우스에게 너무 큰 짐을 지웠구나.'

그는 헤르메스를 칼립소에게 보냈습니다. 헤르메스는 칼립소를 설득해서 오디세우스를 고향으로 돌려보내기로 했습니다. 칼립소는 몹시 아쉬웠지만 제우스의 뜻을 거스를 수는 없었습니다.

오디세우스는 칼립소의 도움을 받아 뗏목을 만들었습니다. 그리고 몇 달 만에 돛이 달린 뗏목을 완성했습니다.

오디세우스가 떠날 때 칼립소는 물과 식량을 실어 주며 뱃길을 알려 주었습니다. 그는 칠 년 동안 살았던 섬을 떠나 동쪽을 향해 출발했습니다.

 항해를 시작한 지 십칠 일이 지난 어느 날, 오디세우스는 안개 속으로 불쑥 솟아오른 산을 보았습니다.

 '그래, 저긴 그리스가 틀림없어!'

 그는 뛸 듯이 기뻐하며 육지 쪽으로 다가갔습니다. 하지만 포세이돈이 오디세우스를 잊을 리 없었습니다. 포세이돈은 뒤늦게 오디세우스를 발견하고 삼지창을 휘둘렀습니다. 거대한 파도가 오디세우스의 뗏목을 순식간에 박살 냈습니다.

 오디세우스는 바다 위에서 정신을 잃었습니다. 죽음의 문턱에 이른 그를 아테나가 보았습니다. 여신은 십 년이 되도록 낯선 땅과 바다를 헤매는 그를 안타깝게 여겼습니다. 여신은 그제야 그리스 장수들에게 가졌던 노여움을 풀고, 하늘에서 내려와 오디세우스의 이마를 살짝 만졌습니다.

 오디세우스가 번쩍 정신을 차렸습니다. 그는 거추장스러운 옷을 찢어 버리고 육지를 향해 헤엄치기 시작했습니다. 그는 거센 파도와 싸우며 조금씩 앞으로 나아갔습니다.

 그가 지쳐서 정신을 잃을 때마다 아테나가 이마를

만졌습니다. 그는 다음 날까지 헤엄을 친 뒤에야 비로소 육지에 닿았습니다. 그는 비틀거리며 숲으로 들어가 이내 쓰러졌습니다.

"드디어 그리스에 왔어……."

그는 중얼거리며 곧 정신을 잃었습니다.

오디세우스가 도착한 곳은 이타케 섬의 위쪽에 위치한 스케리아 섬입니다. 과일과 곡식이 풍족한 축복받은 땅이었지요. 그곳에 사는 파이아케스인들은 여유가 넘치고 이방인에게도 무척 친절했습니다.

그 섬의 알키노오스 왕에게는 나우시카아라는 딸이 있었습니다. 그녀는 시녀들과 함께 강으로 빨래를 하러 갔습니다. 그들은 빨래를 마친 뒤 풀밭에서 공놀이를 했습니다.

여자들이 웃고 떠드는 소리에 오디세우스가 잠에서 깨어났습니다. 그는 수풀을 헤치고 나왔습니다.

"이보시오. 바다에서 조난을 당했소. 날 좀 도와주시오."

나우시카아와 시녀들이 오디세우스에게 고개를 돌렸습니다. 순간 시녀들은 이내 얼굴을 붉히더니 달아났습니다. 오디세우스는 자신이 알몸이라는 것을 깨

닫고 나뭇잎으로 얼른 몸을 가렸습니다.

나우시카아가 태연하게 지키고 섰다가 말했습니다.

"우선 제 아버지의 옷을 입으세요."

그녀는 바위 위에 널어 둔 남자 옷을 가리켰습니다. 그리고는 그에게 왕궁으로 가는 길을 가르쳐 주었습니다.

"저는 빨래를 가져가야 하니 먼저 가세요. 제 아버지 알키노오스 왕을 찾으면 도와주실 거예요."

"고맙소, 공주."

오디세우스는 만약을 위해 자신의 신분을 감추기로 했습니다.

알키노오스는 자기 옷을 입고 나타난 오디세우스를 의아하게 여겼습니다. 오디세우스가 지난 일을 들려주자 그제야 고개를 끄덕이며 그를 반겼습니다.

"손님을 잘 대접하는 게 우리 왕국의 풍습이라오."

그날 밤 오디세우스를 위한 잔치가 벌어졌습니다. 데모도코스라는 눈먼 노래꾼이 앞으로 나왔습니다.

오디세우스와 나우시카아

오디세우스는 스케리아 섬에 이르러 그 섬의 공주 나우시카아의 도움을 받는다.
일본 애니메이션 〈바람 계곡의 나우시카〉는 친절하고 용기 있는 나우시카아를 소재로 삼은 작품이다.

■ 피터르 라스트만, 〈오디세우스와 나우시카아〉

고난의 항로

"멀리서 오신 손님을 위해 제가 노래 한 곡 부르겠습니다."

사람들이 큰 소리로 갈채를 보냈습니다. 그는 트로이 전쟁 때 활약한 그리스 장수들에 대해 노래했습니다. 오디세우스가 떠도는 사이에 전쟁 이야기가 사람들에게 사랑을 받고 있었던 거예요.

노래가 아킬레우스의 활약과 죽음에 이르자 오디세우스는 가만히 고개를 숙이고 눈을 감았습니다. 목숨을 걸고 함께 싸웠던 장수들의 얼굴이 하나하나 떠올랐지요.

데모도코스의 노래가 끝나자 사람들이 뜨거운 박수를 보내며 외쳤습니다.

"한 곡 더 부르시오."
"옳소! 트로이 성을 빼앗은 부분을 불러 줘요."

데모도코스는 다시 노래를 시작했습니다. 오디세우스가 목마를 만들고 장수들에게 작전을 알리는 이야기가 펼쳐졌습니

눈물 흘리는 오디세우스
오디세우스가 트로이 전쟁에 관한 노래를 들으며 눈물짓고 있다. 옷으로 얼굴을 가린 이가 오디세우스이다.
■ 프란체스코 하예즈, 〈알키노오스 왕궁에서의 오디세우스〉

다. 그러자 오디세우스의 눈에서 참았던 눈물이 뚝뚝 떨어졌습니다.

알키노오스가 그를 보고 놀라서 물었습니다.

"왜 그러시오? 어디 불편한 데라도 있소?"

오디세우스는 하는 수 없이 자신이 누구인지 밝혔습니다.

"내가 바로 이타케의 오디세우스요. 노래를 들으니 지난 일과 죽은 동료들이 떠올라 부끄럽게도 눈물을 참을 수 없었소."

"그게 정말이오? 당신이 트로이 전쟁의 영웅 오디세우스란 말입니까?"

알키노오스가 벌떡 일어나 그에게 다가갔습니다. 다른 사람들도 오디세우스를 바라보며 입을 다물지 못했습니다.

"그렇습니다. 저는 지난 십 년 동안 고향을 찾아 떠돌았습니다."

오디세우스는 트로이를 떠나 그곳에 오게 된 사연을 털어놓았습니다. 사람들은 그의 이야기를 들으며 놀라기도 하고 눈물을 흘리기도 했습니다.

이튿날 알키노오스는 오디세우스를 위로하기 위해

고대 그리스의 운동 경기

고대 그리스의 운동 경기는 단순한 시합이나 놀이가 아니었다. 일종의 제사 행위이자 중요한 일을 기념하는 숭고한 의식에 가까웠다.
두 선수가 몸을 맞댄 채 레슬링 경기를 펼치고 있다.

■ 서기전 3세기 무렵, 조각.

운동 경기 대회를 열었습니다. 밤에는 다시 잔치를 벌였지요. 잔치는 며칠 동안 계속되었습니다.

오디세우스는 몸이 회복되자 이타케로 떠나기를 청했습니다. 알키노오스는 무척 아쉬워했습니다.

"위대한 영웅을 이대로 보내려니 서운하오."

"고마운 말씀이지만 가족들이 저를 애타게 기다릴 것입니다."

"허허, 아쉽지만 보내드려야겠군요. 우리 배로 이타케까지 모셔다 드리겠소. 우리 배는 아주 튼튼하고 바람처럼 빠르다오."

그는 병사들을 불러 배를 준비하라고 명했습니다.

이튿날 새벽에 스케리아를 출발한 배는 바다 위를 빠르게 달렸습니다. 오디세우스는 돛대에 기댄 채 수많은 생각을 했습니다.

'페넬로페는 나를 알아볼까? 텔레마코스는 얼마나 자랐을까?'

그는 설레는 마음으로 바닷바람을 가슴 깊이 들이마셨습니다. 그러다 문득 잠이 들었습니다. 그사이 밤이 찾아오고 마침내 배가 이타케에 도착했습니다. 스케리아의 배가 무척 빨랐기 때문에 포세이돈이 이 사실을 미처 알아채지 못했지요.

스케리아인들은 오디세우스를 깨우지 않으려고 선물과 함께 그를 모래 해변에 내려놓았습니다. 아테나가 그의 주위를 두터운 안개로 감쌌습니다. 안개 덕분에 그는 다른 이들의 눈에 띄지 않았습니다.

스케리아의 배는 밤새 바다를 달려 돌아갔습니다. 배가 스케리아에 거의 다다를 즈음, 포세이돈은 그제야 무슨 일이 벌어졌는지 깨달았습니다. 그는 분노하여 그 배를 바위로 만들었습니다. 배는 그대로 스케리아 항구 앞에서 바위섬이 되었습니다.

신화 갤러리 7

로마 건국 신화

▲ 쌍둥이에게 젖을 먹이는 늑대
로마 건국 신화를 상징적으로 보여 주는 대표적인 작품이다.
■ 서기전 5세기, 동상.

레아 실비아는 전쟁의 신 아레스와의 사이에서 쌍둥이 형제 로물루스와 레무스를 낳았습니다. 그녀는 트로이의 왕족 출신인 아이네이아스의 후손입니다. 알비롱가의 왕인 그녀의 작은아버지는 왕위를 빼앗길까 봐 쌍둥이 형제를 강물에 빠뜨리라고 명령했지만, 하인들은 그 대신 바구니에 담아 강물에 띄워 보냈습니다.

쌍둥이 형제는 늑대의 젖을 먹고 자라났습니다. 나중에 양치기가 형제를 발견해 보살폈지요. 어른이 된 로물루스는 팔라티누스 언덕에, 레무스는 아벤티누스 언덕에 도시를 세웠습니다. 로물루스가 세운 도시가 지금의 로마입니다. 로마라는 이름은 바로 로물루스의 이름에서 나온 것이지요.

이것이 바로 로마의 건국 신화로, 로마 건국이 그리스 신화와 밀접한 관계를 맺고 있다는 것을 보여 줍니다.

▶ 쌍둥이 로물루스와 레무스
강에 버려진 로물루스와 레물루스는 늑대의 젖을 먹고 자랐다. 그림 왼쪽에는 강의 신 티베리누스와 레아 실비아가 있고, 오른쪽에는 쌍둥이 형제를 발견한 양치기가 있다.
■ 페터 파울 루벤스, 〈로물루스와 레무스〉

◀ 탈출하는 아이네이아스 가족

트로이가 전쟁에서 패하자 트로이의 왕족 아이네이아스가 가족과 함께 트로이 성을 빠져나오고 있다. 나중에 아이네이아스의 후손이 로마를 건국한다.

■ 갈레리아 보르게세, 〈아이네이아스의 트로이 탈출〉

로마의 역사와 관련된 말, 말, 말

"로마는 하루아침에 이루어지지 않았다" 서기전 756년에 세워진 로마는 작은 도시 국가에 불과했습니다. 로마가 거대한 제국으로 발돋움하기까지 무려 500년이 넘는 오랜 시간이 걸렸기에 이런 말이 생겼습니다.

"모든 길은 로마로 통한다" 서기전 312년에 만들어진 로마 최초의 길 '아피아 가도'는 로마가 수많은 국가를 정복하면서 사방으로 뻗어 나갔습니다. 이 길 덕에 로마에서 출발하면 유럽의 어떤 곳이든 갈 수 있었답니다.

"로마에 가면 로마법을 따르라" 로마에서는 최초의 법인 '십이표법'을 만들어 질서를 바로잡았습니다. 로마법이 발전해 로마에 있는 외국인에게도 적용되는 '만민법'이 만들어지자 이런 말이 생겨났지요.

▲ 로마 최초의 길, 아피아 가도

아피아 가도는 로마에서 이탈리아 남부까지 연결된 도로이다.
고대 로마는 아피아 가도에서 출발해 사방으로 뻗어 나갔다. 여기서 '모든 길은 로마로 통한다.'는 말이 나왔다.

[8장]
이십 년 만의 재회

오디세우스가 깨어났을 때 주위는 온통 짙은 안개로 가득했습니다. 그는 마치 꿈속을 헤매는 듯했지요.

'여기가 어디지?'

그가 두리번거리는데 아테나가 나타났습니다.

"네가 발을 딛고 있는 이곳이 바로 이타케다."

오디세우스는 가슴이 벅차올랐습니다. 여신이 말을 이었습니다.

"기뻐하기는 아직 이르다. 곧장 왕궁으로 가는 것은 위험하니 너의 시종 에우마이오스에게 먼저 가라. 위험이 사라질 때까지 네 정체를 숨겨야 한다."

여신은 이 말을 남기고 사라졌습니다.

에우마이오스는 왕궁의 돼지 기르는 일을 했습니다. 그의 오두막과 돼지우리는 궁에서 조금 떨어져 있었지요. 그는 늙은 거지로 변장한 오디세우스를 알아보지 못했습니다.

"이리저리 떠도는 늙은이인데 하룻밤만 묵을 수 있겠소?"

"누추한 곳이지만 편히 머무시오."

에우마이오스는 기꺼이 허락하며 먹을 것을 주었습니다. 오디세우스는 그를 떠보듯 말을 건넸습니다.

"지금은 빌어먹는 신세지만 나도 한때는 트로이 전쟁에 참가한 장수였소. 거기서 오디세우스 왕을 만났지요. 그분은 돌아오셨소?"

에우마이오스는 한숨을 내쉬었습니다.

"휴, 벌써 이십 년이 지났는데 아무 소식이 없소. 그래서 왕비님과 가족이 크나큰 고통을 겪고 있지요."

그는 오디세우스가 떠난 뒤에 벌어진 일들을 들려주었습니다.

트로이 전쟁이 끝나고 몇 해가 흘러도 오디세우스가 돌아오지 않자 사람들은 점점 그를 죽은 사람으로

오디세우스의 귀환

오디세우스가 이십 년 만에 고향에 돌아왔다. 그는 자신의 신분을 속이기 위해 거지로 변장한다.
고민에 빠진 페넬로페 뒤로 오디세우스의 아들 텔레마코스, 아버지 라에르테스, 시종 에우마이오스가 있다.
에우마이오스는 매우 충성스러운 인물로 오디세우스가 구혼자들을 물리치는 데 큰 역할을 한다.

■ 서기전 5세기 무렵, 테라코타 돋을새김.

생각했습니다.

언제부턴가 페넬로페에게 청혼하는 이들이 생겼습니다. 그녀는 아름다운 데다 그녀와 결혼하면 왕이 될 수 있었으니까요.

날이 갈수록 구혼자들이 늘어났지만 그녀의 대답은 늘 한결같았습니다.

"제 남편은 반드시 돌아옵니다. 그러니 어서 돌아가세요."

그녀의 거절에도 불구하고 구혼자들은 더욱 늘어났습니다. 그들은 무리를 지어 궁을 차지하고 떠나지 않았습니다. 몇 해가 흐르자 구혼자의 수는 무려 백 명이 넘었습니다.

구혼자들은 왕궁의 식량을 제멋대로 축내며 시간을 보냈습니다. 그들의 위세가 하도 당당해서 누구도 감히 맞서지 못했지요. 시종 중에는 구혼자들의 종노릇을 하는 이들까지 생겼습니다.

오디세우스의 가족은 구혼자들의 횡포를 막을 힘이 없었습니다. 안티클레이아는 아들을 그리워하며 한탄했습니다.

"아들아, 네가 없으니 내가 늙어서 이토록 험한 꼴

생각에 잠긴 페넬로페

페넬로페는 이십 년 동안 온갖 수모를 겪으며 남편을 기다린 인물로, 정절의 상징으로 여겨진다.
페넬로페가 왕위를 노리고 자신에게 청혼하는 구혼자들을 물리칠 방법을 고민하고 있다.
■ 고대 그리스 시대, 조각.

을 당하는구나."

그녀는 견디다 못해 들보에 목을 맸습니다.

오디세우스의 아버지 라에르테스는 절망에 빠져 시골에 가서 살았습니다.

페넬로페는 날마다 구혼자들에게 혼인할 사람을 빨리 정하라는 재촉을 받았습니다. 그녀는 시간을 벌기 위해 한 가지 꾀를 생각해 냈습니다.

"늙은 시아버지의 수의를 다 지을 때까지만 기다려 주세요."

그녀는 이것을 핑계로 하루 종일 방에 틀어박혀 천을 짰습니다. 낮 동안에는 베를 짜고 밤이 되면 풀기를 반복했지요. 그녀는 그렇게 시간을 끄는 한편, 아들 텔레마코스를 스파르타로 보냈습니다.

"헬레네 이모에게 가서 네 아버지의 소식을 알아 오너라."

헬레네는 그녀의 사촌입니다. 그 무렵 헬레네는 남편 메넬라오스와 함께 팔 년 만에 스파르타로 돌아온 참이었지요.

텔레마코스는 홀로 스파르타로 떠났습니다.

그 뒤로 이 년의 세월이 더 흘렀습니다. 이제 구혼

자들은 페넬로페의 방까지 함부로 들어와 협박을 일삼았습니다.

"수의를 짠다고 한 지 벌써 삼 년이나 지났소. 언제까지 우릴 속일 거요?"

"이제 우리도 가만있지 않겠소."

안티노오스라는 자는 페넬로페의 베틀에 발길질까지 하며 으르렁댔습니다. 그녀는 더는 버틸 수 없었습니다.

"좋아요. 며칠 안으로 제 결정을 말씀드리지요."

구혼자들은 페넬로페가 계속 시간을 끌면 결혼할 이를 제비뽑기로 정하기로 저희끼리 약속했습니다.

에우마이오스는 또다시 깊은 한숨을 내쉬었습니다.

"후유, 왕비님께서는 며칠 내로 결혼 상대를 결정해야 합니다. 누군가 그놈들을 왕궁에서 내쫓아 주면 좋으련만……."

그의 이야기가 계속되는 동안 오디세우스의 얼굴은 분노로 일그러졌습니다. 오디세우스가 감정을 억누르며 말했습니다.

"오디세우스 왕은 의지가 굳은 분이오. 그분이 반드시 돌아와 모든 일을 처음으로 돌려놓으실 거요."

헬레네를 찾아간 텔레마코스

텔레마코스가 트로이에서 스파르타로 돌아온 이모 헬레네를 찾아간 장면이다. 그는 아버지 오디세우스의 소식을 듣지 못해 슬퍼한다.

■ 장 자크 라그르네, 〈오디세우스의 아들 텔레마코스를 알아보는 헬레네〉

"그러면 오죽이나 좋겠소. 이런, 돼지 밥을 줄 시간이 지났군."

에우마이오스는 서둘러 밖으로 나갔습니다.

그때 텔레마코스는 막 항구에 도착했습니다. 스파르타로 떠났던 일은 아무런 성과도 없었습니다. 헬레네는 물론이고 누구도 아버지의 행방을 몰랐지요.

텔레마코스가 힘없이 왕궁으로 돌아가는데 아테나 여신이 그의 귓가에 속삭였습니다.

"구혼자들이 네 목숨을 노리고 있다. 에우마이오스의 오두막으로 갔다가 밤에 몰래 궁으로 가거라."

텔레마코스가 놀라서 주위를 둘러보았습니다. 하지만 길에는 아무도 없었습니다.

'어, 방금 누구의 목소리였지? 어쨌든 조심해서 나쁠 건 없지.'

텔레마코스는 에우마이오스의 오두막으로 발길을 돌렸습니다.

"내가 왔소. 텔레마코스요."

그가 오두막으로 들어서며 큰 소리로 외치자 오디세우스는 깜짝 놀라 고개를 번쩍 들었습니다.

"그대가 정녕 오디세우스의 아들 텔레마코스인가?"

"그렇습니다만, 노인장께선 뉘신지……."

텔레마코스는 말을 흐리며 오디세우스의 초라한 옷차림을 훑어보았습니다. 오디세우스는 떨리는 목소리로 말했습니다.

"놀라지 마라. 나는 너의 아버지 오디세우스다."

"뭐, 뭐라고요?"

"라에르테스의 아들이며 페넬로페의 남편인 오디세우스란 말이다."

"도대체 언제 여기에……."

텔레마코스는 말을 잇지 못했습니다. 그의 말을 도저히 믿을 수 없었지요. 아버지가 죽은 줄로만 알았으니까요.

오디세우스는 그에게 가족만 알 수 있는 집안 내력과 지난 이십 년 동안 겪은 일들을 들려주었습니다.

"아, 아버지! 흑흑……."

텔레마코스는 그제야 눈물을 흘리며 아버지 앞에

무릎을 꿇었습니다. 오디세우스가 그의 두 손을 잡아 일으켰습니다.

"애야, 눈물을 아껴라. 네 어머니부터 구해야 하지 않겠느냐?"

텔레마코스는 눈물을 닦으며 일어섰습니다. 그는 아버지와 이야기를 주고받으며 앞날을 의논했습니다.

밤이 깊어지자 텔레마코스는 남의 눈을 피해 궁 안으로 들어갔습니다.

이튿날 오디세우스는 거지 차림으로 왕궁을 찾아갔습니다. 궁에서는 아침부터 잔치가 한창이었습니다. 구혼자들의 왁자지껄한 웃음과 노랫소리가 궁 밖까지 흘러나왔지요.

오디세우스는 어렵지 않게 궁 안으로 들어갔습니다. 잔칫집을 찾은 거지는 내쫓지 않는 게 이타케의 풍습이었지요.

왕궁 뜰에는 개 한 마리가 누워 있었습니다. 한눈에도 늙고 병들어 보였지요. 개는 오디세우스를 보더니 비틀비틀 걸어와 발을 핥았습니다. 그는 개를 바라보다가 놀란 얼굴로 속삭였습니다.

"아르고스?"

오디세우스와 아르고스
오디세우스와 그의 개 아르고스가 이십 년 만에 만난 장면을 새겨 넣었다.
■ 고대 그리스 시대, 동전.

그가 이름을 부르자 개가 천천히 꼬리를 흔들었습니다. 아르고스는 이십 년 전에 그가 몹시 귀여워하던 강아지였습니다. 그는 아르고스의 머리를 가만히 쓰다듬었습니다.

"그래, 너만은 주인을 알아보는구나."

아르고스는 마치 주인이 돌아오기를 기다렸다는 듯 그 앞에 쓰러지더니 그대로 숨을 거두었습니다.

오디세우스는 잔치가 열린 곳으로 갔습니다. 그곳에서 구걸하는 척하며 구혼자들의 얼굴을 하나하나 익혔습니다. 그때 누군가 그를 불렀습니다.

"어이, 늙은 거지! 이리 와 봐!"

구혼자들의 우두머리 노릇을 하는 안티노오스였습니다. 그는 다짜고짜 오디세우스의 등을 의자로 후려쳤습니다. 오디세우스가 바닥으로 고꾸라지며 신음 소리를 냈습니다.

"으으윽~."

"여긴 저기 있는 이로스의 구역이야. 네놈이 이로스와 레슬링을 겨뤄서 이기면 여기서 구걸을 하게 해 주마."

안티노오스가 술에 취한 목소리로 빈정댔습니다.

"하하, 그거 재밌겠는걸."

구혼자들이 박수를 치며 좋아했습니다.

오디세우스와 이로스가 방 가운데에 나란히 섰습니다. 이로스는 젊은 데다 덩치가 컸습니다. 그는 오디세우스를 노려보며 침을 퉤 뱉었습니다.

"그렇지 않아도 네놈이 계속 눈에 거슬렸다."

이로스는 곧장 오디세우스에게 달려들었습니다. 오디세우스는 슬쩍 피하는 듯하더니 뒤에서 그를 번쩍 들어 내던졌지요. 이로스가 잔칫상 위로 내리꽂히며 외마디 비명을 질렀습니다.

"억!"

구혼자들이 놀란 눈으로 오디세우스를 쳐다보며 한 마디씩 했습니다.

"이야, 늙은이 솜씨가 굉장한데!"

"이제 이 왕궁은 늙은 거지의 구역이 되는 건가? 하하하!"

그때 페넬로페가 방 안으로 들어왔습니다. 안티노오스가 그녀 앞으로 휘휘 걸어갔습니다.

"오호, 왕비께서 친히 나오시다니……. 오늘 결혼 발표라도 할 참이오?"

"내일 궁궐 뜰에서 활쏘기 대회를 열겠어요. 제 남편의 활로 과녁을 명중시키는 이가 제 남편이 될 것입니다."

페넬로페는 구혼자들을 훑어보며 단호하게 말했습니다. 그녀의 제안은 전날 오디세우스와 텔레마코스가 오두막에서 계획한 대로였습니다. 텔레마코스가 자신의 의견인 양 어머니에게 전한 거예요.

오디세우스는 남몰래 미소를 지으며, 마음속으로 아내를 응원했습니다.

'그동안 당신은 훌륭하게 견뎌 주었소. 이제 하루만 더 참아요.'

구혼자들은 페넬로페의 제안을 받아들였습니다. 누구에게나 공평해 보였으니까요. 그들은 저마다 자신의 승리를 꿈꾸며 다음 날이 오기를 기다렸습니다.

페넬로페는 방으로 들어오기 전에 오디세우스가 구혼자들에게 놀림감이 되는 것을 보았습니다. 그녀는 그에게 동정심을 느껴 하녀에게 명했습니다.

텔레마코스와 에우카리스

텔레마코스는 아버지 오디세우스를 찾아 나선 길에 요정 에우카리스와 사랑에 빠진다. 텔레마코스가 다시 아버지를 찾아 떠나려 하자 에우카리스가 슬퍼하고 있다.

■ 자크 루이 다비드, 〈에우카리스에게 작별을 고하는 텔레마코스〉

"에우리케이아, 저분의 발을 씻겨 드리고 잘 곳을 마련해 줘요."

에우리케이아는 오디세우스를 키운 유모입니다. 그녀는 따뜻한 물로 오디세우스의 발을 씻어 주었습니다. 그러다가 장딴지에 난 흉터를 보고 눈이 휘둥그레 졌습니다.

"이, 이 상처는 오디세우스 왕이 어릴 때……."

그녀가 고개를 들며 외치자 오디세우스가 고개를 끄덕이며 나지막이 말했습니다.

"그래요, 내가 돌아왔어요. 부디 내일까지는 비밀로 해 줘요."

유모는 반가운 마음에 소리 없이 눈물만 떨어뜨렸습니다.

그날 밤 텔레마코스가 에우마이오스와 필로이티오스를 데리고 오디세우스를 찾아왔습니다. 필로이티오스는 왕궁의 소를 돌보는 일을 했지요. 오디세우스는 그들에게 자신의 정체를 밝히고 앞으로의 할 일을 명했습니다.

날이 밝자 궁궐 마당에서 활쏘기 대회가 열렸습니다. 과녁은 자루를 빼낸 도끼머리 열두 개를 한 줄로 길게 세운 것이었습니다. 활 쏘는 자리에서 과녁까지는 백 걸음도 넘어 보였습니다.

페넬로페가 활을 들고 나왔습니다.

"저 과녁이 보이지요? 제 남편은 화살 하나로 열두

오디세우스를 알아본 유모

오디세우스의 유모가 그의 발을 씻기다가 장딴지에 있는 흉터를 보고 오디세우스임을 알아챈다. 유모 뒤에 텔레마코스가 서 있다.

■ 서기전 4세기 무렵, 항아리.

개의 도끼머리에 난 구멍을 한 번에 통과시켰어요. 그걸 해내는 사람이 승리자가 될 거예요."

구혼자들 사이에서 볼멘소리가 터져 나왔습니다.

"저렇게 멀리 있는 과녁을 어떻게 맞히란 거야."

"열두 개의 구멍을 단 한 번에 통과시키라고?"

페넬로페가 텔레마코스의 계획을 받아들인 까닭이 여기 있었습니다. 그녀는 아무도 그걸 해낼 수 없다고 믿었습니다. 게다가 오디세우스의 활은 시위가 너무도 팽팽해서 쉽게 당길 수 없었습니다. 그녀는 이 대회를 구실로 구혼자들을 물리칠 생각이었지요.

"어제 모두 약속하지 않으셨나요? 자신 없으면 포기하세요."

구혼자들은 약속에 따를 수밖에 없었습니다. 안티노오스가 가장 먼저 나서서 활을 건네받았습니다. 그는 활시위를 당기는 것조차 힘들어 했습니다. 몇 차례 더 시도하다가 결국 다른 구혼자들의 성화에 못 이겨 물러났습니다.

다음 구혼자도, 그다음 구혼자도 활을 쏘기는커녕 활시위조차 당기지 못해 탈락했습니다. 어쩌다 시위를 조금 당긴 이도 있었지만, 화살이 몇 걸음 앞에서 힘없이 떨어졌습니다.

활쏘기 경기가 계속되는 동안 텔레마코스는 에우마이오스와 필로이티오스를 데리고 구혼자들이 모이는 방으로 갔습니다. 그곳에 있던 무기를 모조리 감추고 방문도 잠갔습니다.

구혼자들이 모두 활쏘기에 실패하자 오디세우스가 나섰습니다.

"내게도 활을 쏠 기회를 주시오."

구혼자들이 콧방귀를 뀌며 비웃었습니다.

"흥, 저 늙은이가 어제 레슬링에서 이기더니 제정신이 아니로군."

그때 텔레마코스가 일어나 큰 소리로 말했습니다.

"그에게도 기회를 주어야 공평합니다. 나는 이 왕국의 왕자로서 이분께 기회를 드리겠습니다."

텔레마코스는 활을 오디세우스에게 건넸습니다.

"고맙습니다, 왕자님."

오디세우스는 이십 년 전에 늘 연습하던 자신의 활을 받아 들었습니다. 활과 화살에는 그의 손때가 고스란히 묻어 있었지요. 오디세우스는 오랜만에 잡아 보

활을 쏘는 오디세우스

오디세우스가 도끼머리 열두 개의 구멍을 향해 활을 쏘는 순간이다.
뒤에서 아테나가 이를 지켜보고 있다.

■ 프란체스코 프리마티초, 〈이타케에서 활쏘기 대회에 참가한 오디세우스〉

앉지만 금세 감각을 되찾았습니다. 그는 화살을 시위에 걸고 천천히 당겼다가 놓았습니다.

슈웅~!

화살이 허공을 뚫고 순식간에 날아갔습니다. 화살은 도끼머리 열두 개의 구멍을 차례로 꿰뚫고 돌담에 박히며 부르르 떨었습니다.

구혼자들은 도무지 믿을 수 없어 오디세우스와 화살을 번갈아 바라보았습니다.

그 순간 오디세우스가 그들을 향해 몸을 돌리며 크게 소리쳤습니다.

"이 흉악한 놈들아, 이 오디세우스가 너희에게 내리는 벌이다!"

그는 시위에 화살을 걸어 구혼자들에게 날렸습니다. 화살이 안티노오스의 목을 꿰뚫었습니다.

오디세우스는 연달아 화살을 쏘았습니다. 화살은 구혼자들의 가슴과 목으로 정확하게 날아갔습니다. 구혼자들은 갈팡질팡하며 방 쪽으로 달아났습니다. 하지만 방문에는 이미 자물쇠가 채워져 있었지요.

"문을 부수자!"

그들은 힘을 합해 문을 밀쳤습니다. 그러는 사이에

도 화살이 계속 날아왔습니다. 그들이 문을 부수고 들어섰을 때 방 안은 텅 비어 있었습니다.

"앗, 무기가 사라졌다!"

구혼자들은 정문 쪽으로 달아났습니다. 정문 앞에서는 텔레마코스와 두 시종이 기다리고 있었습니다. 세 사람은 달려오는 구혼자들에게 칼을 휘둘렀습니다.

구혼자들은 뜰과 방문 앞, 그리고 정문 앞에서 모두 죽임을 당했습니다. 에우리케이아는 구혼자들을 따르던 시종들을 불러 궁궐을 깨끗이 치우게 했지요.

페넬로페는 방 안으로 몸을 피했습니다. 그녀는 밖에서 들려오는 소리를 들으며 침대 뒤로 숨었습니다. 얼마 뒤 누군가가 방문을 열고 들어왔습니다.

"페넬로페, 나요. 내가 돌아왔소."

오디세우스가 반갑게 외쳤습니다. 하지만 페넬로페는 아직 거지 차림인 그를 미처 알아보지 못했습니다.

"나를 돕는 당신은 누구신가요?"

그제야 오디세우스는 몸에 두른 더러운 옷을 벗었습니다.

"나를 똑바로 보시오. 당신의 남편 오디세우스란 말이오."

페넬로페는 믿을 수 없어 고개를 가로저었습니다.

"아뇨. 당신이 내 남편일 리 없어요."

페넬로페는 침대 머리를 붙잡고 부들부들 떨었습니다. 오디세우스는 그녀가 잡고 있는 침대를 가리켰습니다.

"당신이 붙잡고 있는 침대의 비밀을 얘기하면 날 믿겠소?"

그 침대는 오디세우스가 직접 만든 것입니다. 땅에 뿌리를 박고 있는 나무를 그대로 둥치만 잘라 내 만들었지요. 그런 다음 그곳이 방이 되도록 건물을 지었습니다.

"그 침대는 땅에 뿌리를 내리고 있소. 내가 그렇게 만들었으니까."

"아아, 오디세우스!"

그녀는 그제야 오디세우스임을 믿고 뜨거운 눈물을 흘렸습니다. 오디세우스가 다가와 페넬로페를 힘껏 안았습니다. 두 사람은 끌어안은 채 하염없이 눈물을 흘렸습니다. 두 사

이십 년 만의 재회

페넬로페는 이십 년 만에 돌아온 오디세우스를 미처 알아보지 못한다.

■ 요한 빌헬름 티슈바인, 〈페넬로페와 오디세우스〉

람이 다시 만나기까지 꼭 이십 년이 걸렸지요.

이튿날 텔레마코스는 궁문을 활짝 열었습니다. 왕이 돌아왔다는 소식에 백성들이 너도나도 몰려들었습니다.

곧 오디세우스가 말끔한 차림으로 나타났습니다. 페넬로페와 텔레마코스가 그를 뒤따랐지요.

오디세우스는 제단 위로 올라가 향을 피우고 신들에게 제물을 바쳤습니다. 그는 자신을 도운 신들뿐 아니라 포세이돈에게도 제물을 올렸습니다. 자신을 위해 예언을 해 준 테이레시아스에게 바치는 제물도 잊지 않았지요.

그는 몸을 돌려 사람들을 향해 말했습니다.

"여러분, 우리 이타케에 평화가 찾아왔습니다!"

"이타케 만세, 오디세우스 왕 만세!"

백성들이 소리 높여 외치며 서로 얼싸안고 기뻐했습니다.

그 뒤 오디세우스는 아내와 아들과 함께 행복한 나날을 보내며 왕국을 평화롭게 잘 다스렸습니다.

신화 갤러리 8

▲ **아버지를 돕는 텔레마코스**
오디세우스의 아들 텔레마코스가 이십 년 만에 고향으로 돌아온 아버지와 함께 어머니의 구혼자들을 물리치는 장면이다.
■ 서기전 4세기 무렵, 항아리.

당신은 나의 멘토입니다!

멘토(mentor)는 현명하고 신뢰할 수 있는 지도자나 스승을 일컫는 말입니다. 멘토는 그리스 신화의 '멘토르'라는 사람의 이름에서 유래되었지요.

멘토르는 오디세우스의 고향 친구로, 오디세우스는 트로이로 떠나면서 그의 아들 텔레마코스를 멘토르에게 부탁했습니다. 멘토르는 오디세우스가 트로이에서 돌아올 때까지 무려 이십 년 동안 텔레마코스를 가르쳤습니다. 선생님이자 상담자, 때로는 아버지가 되어 이끌어 주었지요.

이때부터 멘토르의 이름은 현명하고 성실한 조언을 하는 사람 또는 한 사람의 인생을 이끌어 주는 지도자라는 뜻으로 쓰이게 되었습니다.

▲ **인생의 지도자, 멘토**
《텔레마코스의 모험》에 실린 그림이다. 멘토르가 텔레마코스를 가르치고 있다.

그리스인들을 하나로 만든 연극

고대 그리스에서 연극은 서기전 7~8세기에 이르러 모든 국민을 아우르는 축제로 발전했습니다. 고대 그리스인들에게 연극은 단순한 오락이 아니라 역사와 인간을 배우는 수단이자 국민들을 화합하는 장으로 활용되었지요.

극장은 야외에 대리석 등을 이용해서 만들었는데, 2만여 명의 인원을 수용할 만큼 규모가 매우 컸습니다. 연극 배우들은 표정을 잘 살린 커다란 가면을 쓰고 연기했습니다. 연극의 절정에 이르면 '오토마타'라고 불리는 장치를 이용해 '기계 장치를 타고 내려오는 신'을 등장시킬 만큼 수준이 매우 높았습니다.

연극 축제가 열리는 기간에는 도시 국가 전체가 연극 축제를 중심으로 돌아갈 만큼 연극은 국가적인 행사였습니다. 상점이나 법원 등도 문을 닫았지요. 입장료도 값싸서 거의 모든 계층이 부담 없이 공연을 볼 수 있었답니다.

▲ 베네치아 가면 축제
오늘날 이탈리아의 베네치아에서는 고대 그리스 연극의 영향을 받아 일 년에 한 번씩 가면 축제가 열린다.

▲ 에피다우로스 야외 극장
서기전 4세기에 세워진 고대 그리스의 극장으로 수많은 관객을 수용할 수 있었다. 건축미가 매우 뛰어나며 음향 효과도 우수했던 것으로 알려져 있다.

◀ 고대 그리스 연극의 재현
에우리피데스의 비극 〈헤카베〉를 공연하는 모습이다. 배우들이 얼굴에 가면을 쓰고 있다.
고대 그리스 시대의 연극도 이와 비슷했을 것이다.

[그리스 로마 신화를 마치며]

그리스 신화에서
세계의 신화로

이제 신화 속 이야기 여행을 끝마칠 때가 되었습니다. 지금까지 우리는 고대 그리스인들의 상상 세계를 지나왔습니다. 세상이 처음 열리고 신과 인간이 탄생하는 과정, 그리고 신과 인간이 빚어낸 여러 가지 이야기들을 지켜보았습니다.

이 여행에서 본 것이 그리스 신화의 전부는 아닙니다. 그리스 신화의 세계는 이보다 훨씬 드넓고 더욱 많은 이야기를 품고 있습니다. 우리는 단지 크고 두드러진 장면들을 보았을 뿐입니다.

또한 트로이 전쟁 이후에도 그리스 신화는 끊이지 않고 이어집니다. 트로이는 멸망했지만, 그 후예가 살아남아 새 땅에서 새 나라를 세웠습니다. 트로이의 왕족 아이네이아스가 바로 그 사람입니다.

　아이네이아스는 트로이를 떠나 이탈리아에 도착하고, 수백 년 뒤 그의 후손 로물루스가 라비니움 땅에 로마를 세웠습니다. 아이네이아스 이야기를 통해 그리스 신화는 로마 신화로 이어지게 됩니다.

　로마는 다시 수백 년이 지나는 동안 지중해에서 가장 강력한 제국으로 발전했습니다. 그리스마저도 로마 제국의 영토가 되었습니다. 로마인들은 신화 속의 인물인 아이네이아스를 자신들의 조상으로 받들었습니다. 그리고 그와 그 후손들의 이야기가 새로운 신화로 만들어졌습니다.

　그리스 로마 신화의 드넓고도 풍요로운 이야기 세계는 이렇게 이루어졌습니다. 그 이야기들은 그리스와 로마를 넘어 유럽 문화 발전의 밑거름이 되었습니다. 그리고 유럽 문화가 세계로 뻗어 나간 오늘날, 그리스 로마 신화는 인류의 소중한 자산으로 길이 남을 것입니다.

처음으로 만나는 그리스 로마 신화
⑤ 영웅들의 모험

글 김민수
그림 이현세

1판 9쇄 발행일 2020년 9월 25일

편집 민점호, 신달림, 한수화, 김세리, 이미연
디자인 박성준, 이의정, 김지은
컬러링 박초희, 김민정

펴낸이 강경태
펴낸곳 녹색지팡이&프레스(주)
등록번호 제16-3459호
주소 서울시 강남구 테헤란로84길 12 (우)06178
전화 (02) 2192-2200
팩스 (02) 2192-2399
홈페이지 www.betterbooks.co.kr

Illustration Copyright ⓒ 이현세, 2011

ISBN 978-89-94780-16-0 64800
ISBN 978-89-94780-17-7 64800(세트)

이 책의 출판권은 저작권자와 독점 계약한 녹색지팡이&프레스에 있습니다.
저작권법에 의해 보호를 받는 저작물이므로 무단 전재와 무단 복제를 금합니다.

신들의 이름 비교

	그리스	로마	영어	별칭
올림포스 열두 신	제우스	유피테르	주피터	최고의 신
	헤라	유노	주노	결혼과 가정의 여신
	포세이돈	넵투누스	넵튠	바다의 신
	아프로디테	베누스	비너스	사랑과 미의 여신
	데메테르	케레스	세레스	곡식과 농사의 여신
	아테나	미네르바	미네르바	지혜의 여신
	아폴론	아폴로	아폴로	태양·음악·예언의 신
	아르테미스	디아나	다이아나	사냥과 순결의 여신
	헤파이스토스	불카누스	벌컨	불과 대장장이의 신
	아레스	마르스	마스	전쟁의 신
	헤르메스	메르쿠리우스	머큐리	전령의 신
	디오니소스	바쿠스	바커스	술의 신
기타 신	헤스티아	베스타	베스타	화로의 여신
	하데스	플루토	플루토	지하 세계의 신
	에로스	쿠피도	큐피드	사랑의 신
	오케아노스	오케아누스	오션	큰 바다의 신
	헬리오스	솔	선	태양신
	셀레네	루나	문	달의 여신
	에오스	아우로라	오로라	새벽의 여신
	니케	빅토리아	나이키	승리의 여신
	무사	무사	뮤즈	예술의 여신
	가이아	텔루스	어스	대지의 여신
	우라노스	카일루스	유러너스	하늘의 신
	크로노스	사투르누스	새턴	시간의 신

신과 인간의 계보

미케네 왕가와 스파르타 왕가

■ 남
■ 여

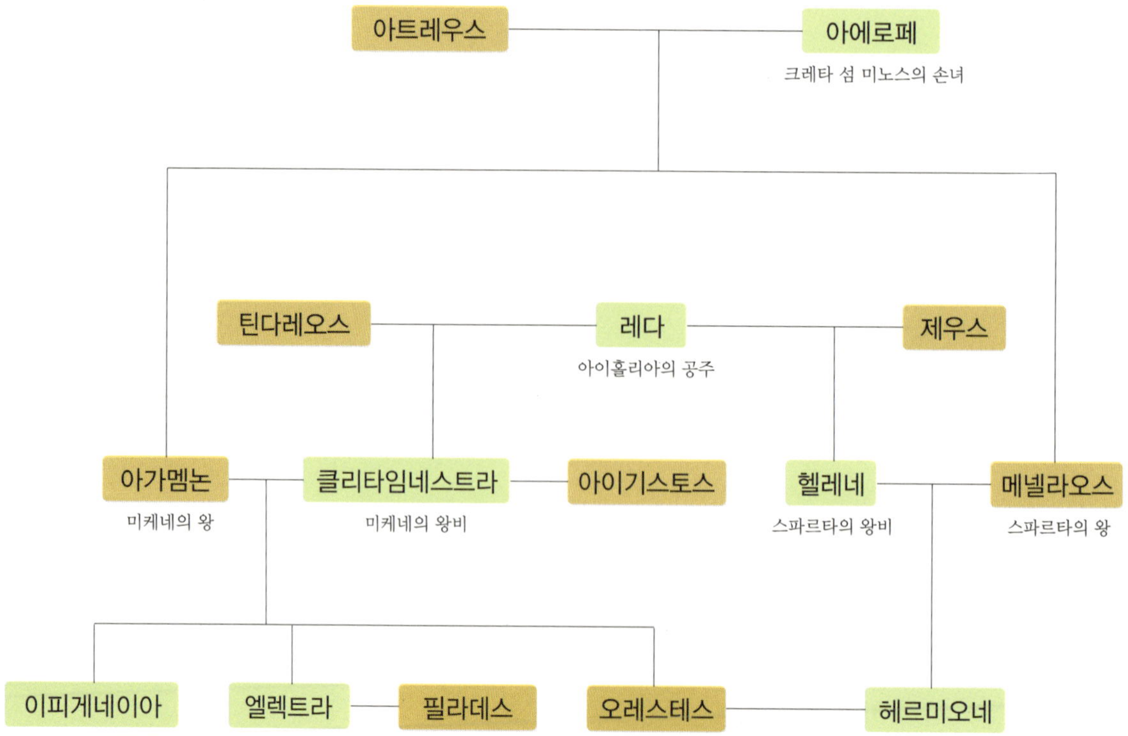

```
        아트레우스 ─────────── 아에로페
                              크레타 섬 미노스의 손녀
                │
    ┌───────────┴───────────┐
    │                       │
틴다레오스 ──── 레다 ──── 제우스
              아이홀리아의 공주

아가멤논 ─ 클리타임네스트라 ─ 아이기스토스    헬레네 ─ 메넬라오스
미케네의 왕   미케네의 왕비                  스파르타의 왕비  스파르타의 왕

이피게네이아  엘렉트라 ─ 필라데스  오레스테스 ─ 헤르미오네
```

아킬레우스 일가

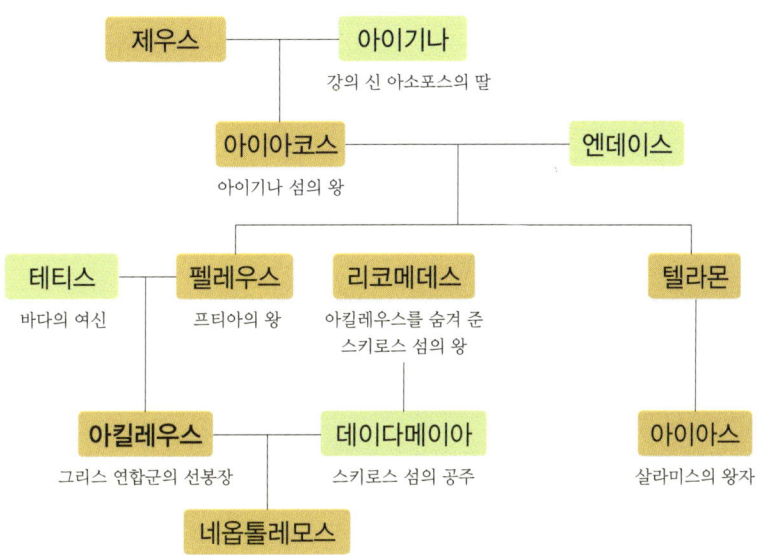

오디세우스 일가

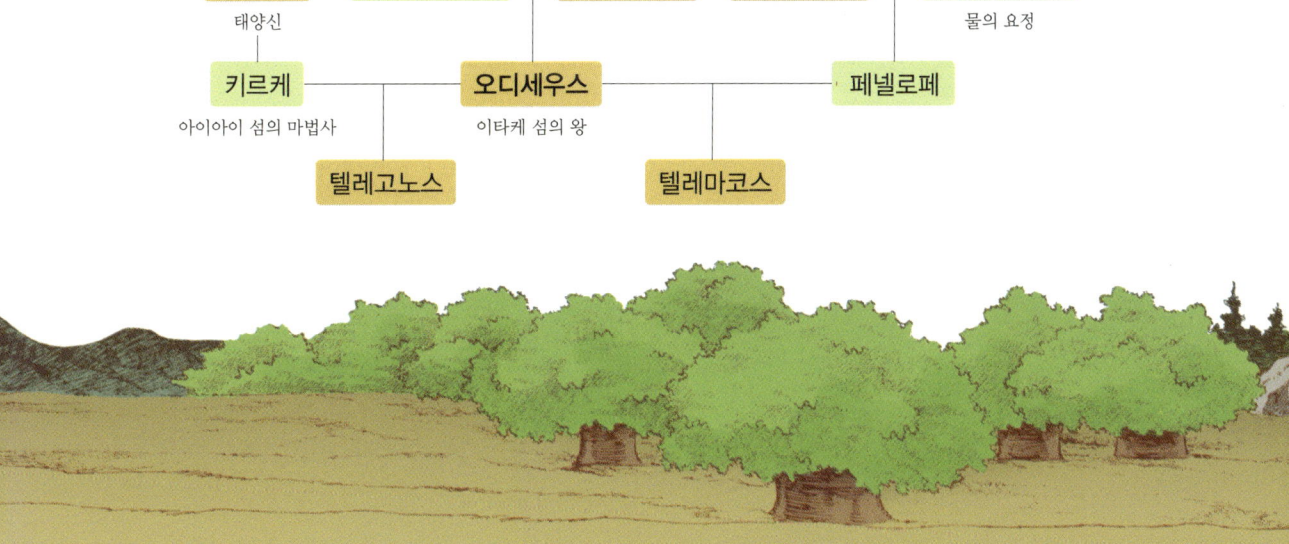